WE ARE WALKING ON THE
SILK ROAD

"一带一路"十周年献礼

我们走在丝路上

谢 菲　周 梅
柯 燕　李依理　著

人民出版社

序

2020年秋冬之交，我在深圳见到谢菲和周梅。这两个女子，一个温婉而有书卷气，一个刚勇而有侠义风，一同激情澎湃地向我叙说广东卫视的《丝路汇客厅》栏目，邀请我加盟。我被她们的热情所感动，参与了第三季的拍摄工作。其中，在《好风凭借力》中，我随摄制组采访卢旺达驻华大使詹姆斯·基莫尼奥，和他进行了愉快的交谈。这位大使在中国亲自参加网络直播带货，左手一瓶辣椒酱，右手一包咖啡豆，这个形象似乎与外交官的身份不太吻合，可是我觉得特别可爱，特别接地气。他不摆官员的架子，实实在在地为促进中卢两国的贸易出力。在《莱茵河畔的老友记》中，我和我的两位好友——原中国驻德国大使卢秋田和旅德艺术家王小慧——重叙友谊，畅谈中德友好的历史和中德文化的比较，老友相逢，分外亲切。

《丝路汇客厅》是一档立足广东、辐射全球、专业讲述"一带一路"故事的栏目，本书是作者对前三季二十二集节目的回顾和总结。在5年时间里，栏目主创人员穿越了"一带一路"沿线70多个国家和地区，寻访了近200位不同人士，其中有政府官员和企业家，更有大量默默为传承丝路友谊作贡献的普通人。他们之中，有来中国创业的外国人，有去国外创业的中国人，有组成合作团队的中外成员。作者着力于探寻他们的心路历程，感受他们的真实情感，讲述他们的人生故事。

丝绸之路是人类文明史上一个光辉的名词，它标志着不同文明之间友好往来和共同繁荣的悠久传统。丝绸之路更是中华文明史上一个光辉的名词，它标志着中华民族的宽广胸怀和开放心态。中国文化传统的核心是"和"的观念，儒家的理想是"天下大同"，道家的理想是"和天下"，所追求的都是全人类的和谐相处，这正是丝绸之路形成的内在根据。从张骞通西域开始，悠悠两千年间，丝绸之路的延续是政府和民间共同努力的结果。政府的力量不可低估，西汉和大唐，凡中央政府强大和开放的时期，丝绸之路就兴旺，否则便衰微。民间的力量则是丝绸之路长存不衰的基础，无论时代怎样变化，人民总是渴望了解居住在不同地域的同类的生活情状的，总是渴望互通有无发展经济的。"一带一路"旨在凝聚政府和民间的力量，让丝绸之路在新的时代大放光芒。

　　一个时代有一个时代的梦想，一个民族有一个民族的追求。在任何一个大时代，中华民族心怀梦想，把握机遇，追求不止。如果说成功是青春的一个梦，那么，追求即是青春本身，是一个人心灵年轻的最好证明。谁追求不止，谁就青春常在。民族同样如此，有追求的民族永远年轻，永远充满希望。

　　所以，我认为《丝路汇客厅》栏目的构想和创作是很有价值的。这个栏目运作期间，正值新冠疫情肆虐，交通阻隔，境内外采访困难重重，主创人员通过坚持不懈的努力，排除万难，取得了可喜可贺的成绩，我向他们致敬。

周国平

2023 年 8 月 8 日

目　录

序

周国平

001

第一篇　各美其美

点亮"最后一公里"

003

好风凭借力

010

水拓画上的金银花

015

匠心在远方

021

中国女婿

027

"埃塞俄比亚通"老王

032

黑眼睛·蓝眼睛
038

我在中国当医生
043

吉布提的海岸线
048

轻舟已过万重山
053

香茅田里的守望者
062

丹心碧血
068

第二篇　美人之美

泰北往事
077

让美好被听见
083

消逝的银信家书
088

片片"好心"情
095

香里乡情
101

我是湾区人
107

"非洲屋脊"的探路者们
112

再生繁花
118

澳门赤子情
127

澳门升起的第一面五星红旗
137

桑梓情深赋陈皮
143

凤鸣铿锵
149

从"外"到"内"
158

第三篇　美美与共

造城记
165

创意交响曲
174

星月之约
181

此心安处是吾乡
187

丝路智者
192

网红大使
198

通往世界的渡口
203

我和中国的化学反应
209

莱茵河畔的老友记
215

寻回失落的影像
221

万里茶道
228

莫斯科的中国茶楼
237

白大褂上的五星红旗
243

致 谢
255

第一篇
各美其美

　　古罗马有句谚语：每一个人都应该像一支队伍，对着自己大脑和心灵招兵买马，不气馁、有召唤、爱自由。

　　穿过尘封的岁月，人们渴望了解自己的同时，更想探求未知的世界。

　　世界以一种古老的模样横亘在我们眼前，我们带着无限的憧憬，用镜头感知和触摸历史最富有活性的肌理。

　　时过境迁，物是人非。

　　我们想知道在今天的丝路上那些人和那些故事。

　　在丝路的地平线上，簇拥着往来奔行的身影，她们是远赴古波斯追寻艺术的中国姑娘；他们是怀揣梦想构筑新天地的匠人；他们是大医精诚拯救人间疾患的医者；他们是把婚姻与爱情安放在异国他乡的恋人；他们是负笈远行渴望与世界对话的人。

点亮"最后一公里"

追光的人,自己也会自带光芒。

李霞,就像她的名字一样,总是与需要光的地方联系在一起。作为一名从东北黑土地走来的"80后",一经与深圳这座城市相遇,就有了一个制造光的故事。具体地说,她想用光这种绿色能源改变全球极端贫困人口的生活。十几年来,这座制造光的工厂出品的太阳能灯,遍布世界66个国家,照亮了700万户贫困家庭。

4年前的那个春天,我在北大汇丰创讲堂认识了李霞。她戴着一副黑边眼镜,梳着简单的马尾,浅蓝色工装衬衫搭配西装外套,朴素而干练。

当时,李霞的演讲主题是"BOP的存在是我奋斗的动力"。

BOP(Bottom of the Pyramid)指的是生活在金字塔底层的低收入人群,全球有近8亿人处于这一范畴中。当时,演讲台下坐着万科集团创始人、YGT青年环保创新计划全球顾问王石,万通集团创始人、御风资本董事长冯仑,北京大学汇丰

李霞与埃塞俄比亚儿童

商学院创院院长海闻三位知名人士。

站在聚光灯下的李霞，平静地讲述着自己的创业初心，十几年来，她一心研发太阳能灯，为全球极端贫困地区的人们带去光明与希望。我不由得对这位长着白净娃娃脸的女企业家心生敬意。作为她的导师，王石给出了这样的评价："李霞这个案例，我觉得非常了不起！了不起在于首先是一位女性，并且是一位母亲，到深圳来创业，选择非洲市场，从某种角度来讲不可思议。能把扶贫和商业结合起来，本身就是一种创新，而且又把中国制造与生态环保结合起来，再变成针对当地具体情况的适用产品，我觉得具有值得借鉴的示范意义。"

在此之前，李霞曾追随王石到美国参加中美峰会"绿领先锋"青年环保创新计划（YGT），在美国的演讲台上，李霞的开场白是："我是来自中国北方偏远农村的女孩，我所做的一切都是为了改变与我有着同样经历的人……"最后，她成为这次项目选拔中唯一一个被全票通过的中国选手。当时，亚洲开发银行能源部CEO也对她竖起大拇指，他以为李霞这个项目只能是慈善捐赠，没想到能成为一门生意，这为慈善的可持续发展带来了更多可能性。

我被李霞的故事深深打动，当掌声响起来，我走近她，想更近地倾听她的故事，得知她即将前往埃塞俄比亚，将3000盏太阳能灯捐给当地一所学校，我决定追随她的足迹。那年7月，我们坐了十几个小时的飞机，飞越7000多公里，抵达了埃塞俄比亚的首都亚的斯亚贝巴——一座被誉为"新鲜花朵"的城市。

埃塞俄比亚，古希腊语的意思是被太阳晒黑的人民居住的土地，按照当地古老的历法，这里的人们一年能享受13个月的阳光，然而，当黑夜的帷幕降临，光就成了最稀缺的东西。据统计，在埃塞俄比亚，有四分之一的农村人口生活在无电区，这些地方也被称为光明难以抵达的"最后一公里"。

17年前，李霞还在做高端品牌的赠礼业务，那一年到印度拜访客户，恰逢雨季，到处是坑洼泥路，每天都要经过贫民窟，破旧的铁皮和塑料布围成的家在风雨中飘摇，孩子们呆坐着，神情有些麻木。那种情境，让李霞仿佛看到了儿时的自己。那时候，她是个学霸，却因为家境贫寒被迫辍学，母亲在冰天雪地里摆摊，为她赚学费，那情景仿佛就在眼前。从此，李霞决定要为这些人做点事，哪怕只是给他们的生活带来一点一滴的改变。这条路一走就是十几年。

李霞的目光从世界的版图聚焦到了非洲，那时，全世界还有8亿多极端贫困人口，而非洲占了70%。埃塞俄比亚是李霞从深圳出发，最早抵达的外国市场。

在亚的斯亚贝巴马尔卡图市场，我见到了李霞在埃塞俄比亚最大的合作伙伴法索，两人在一次广交会上认识。当时，听说亚的斯亚贝巴经常停电，李霞便向他推荐自己工厂研发的太阳能灯。按照传统思维，有利润的生意应该面向有钱人，给贫困人口用的灯能卖出去吗？法索有些犹豫，不过他抱着试试看的心态要了70件样品。法索自己也没想到，从70件到700件，生意一发不可收……说到这里，他腼腆地笑了，李霞的太阳能灯成了供不应求的紧俏品，他的生意也越做越大。

李霞在拜访法索的时候，小巴车停在路边，车里的母亲和女儿正焦急地等待着。母亲时不时望向窗外："哎呀，都15分钟了，怎么还没出来？以往这个点就该出来了呀。"

| 李霞带女儿在埃塞俄比亚

等到李霞的身影出现，母亲才松了口气，搂紧外孙女，仰靠在车椅上闭目打盹。李霞苦笑道："每次都说带妈妈和孩子出来看世界，她们却陪着我四处奔破，担惊受怕。"

结束了对经销商的拜访，李霞没有片刻的休息，立刻启程赶往此行的目的地——距离首都 200 公里的娜亚塔中学。

埃塞俄比亚是古老的青尼罗河发源地，充沛的水量孕育了丰富的自然资源。远方青山如黛，我们的车掠过森林、草原、起伏不平的褐色土地。追赶汽车的孩子们发出欢乐的笑声，他们灵动的眼眸里，充满了对我们这些中国面孔的好奇与期待。

抵达娜亚塔中学时，正值骄阳炙热的中午，还没下车就听到了孩子们的喧闹声，如同节日狂欢。他们围站在草地上，或羞涩、或大胆，镜头扫过去，捕捉到了一张张黝黑的面庞，一双双清澈的眼睛。

娜亚塔中学所在的村庄没有电，李霞将把从国内带来的太阳能灯捐赠给学校，并作为奖品颁发给成绩优异的孩子。

人群中，我看到李霞被村民和学生簇拥在前，法索陪在身旁，像一个大哥哥保护着她，这一刻，我能感受到，法索和李霞已经从生意上的伙伴变成了值得信赖的朋友。看到如此盛大的欢迎仪式，李霞红了眼眶，"每次看到这些孩子，我就觉得所有的付出都是值得的"。

李霞以流畅的英文鼓励获得奖品的孩子们："我希望你们努力学习，改变自己的生活，成为对社会有用的人。"母亲挤在人群中远远看着这里的一切，她应该很为女儿感到骄傲吧。曾经历经艰难

| 李霞给当地贫困家庭安装太阳能灯

笔者与埃塞俄比亚村民

困苦的一家人从东北来到深圳,再踏足这个陌生的国度,为孩子带来光明,她们明白这份善意对身处黑暗的他们来说,有多么重要的意义。

结束工作回到住处已是深夜,这是我第一次有机会与李霞面对面坐下来聊会儿天。几天跟拍下来,我需要重新认识这位三个孩子的母亲。

"我们从市区到农村,200公里走了一整天,沿路经过很多荒无人烟的地方,这么多年你一个女性在这样的地方奔波,不怕吗?"她顿了一会儿,说:"当然怕,尤其是生了孩子以后,我就变得胆怯了,我害怕孩子失去妈妈。"李霞告诉我,这一次她之所以把孩子也带来,是希望她能理解妈妈所做的事情,更希望在她的心里播下一颗善意的种子。

"这几天我还注意到你的妈妈,她一路上都在看着你,担心你的安全。"提到母亲,李霞推了推眼镜,我看到她两眼通红,"我妈妈只念了

笔者与李霞（左一）参加埃塞俄比亚捐赠活动

小学二年级，从 26 个英文字母开始自学，到现在，她不仅能够用英语流利交流，还帮我打理国际贸易财务方面的工作。她是我学习的榜样，也给了我坚持走下去的勇气……"

从埃塞俄比亚回到深圳后，李霞没有休息，继续投身于忙碌的工作中。

新冠疫情对李霞打击很大，质好价低的太阳能灯主要市场是非洲和印度，很长一段时间由于疫情封锁，那边没有进货，物流成本增高，现金流断裂……最难的时候，李霞的头发白了一大半，但是她硬是咬牙熬过来了。

我曾经问过李霞，她的愿望是什么？李霞很坚定地告诉我："我的余生将尽力改善金字塔底端贫困人口的生活质量，直到有一天，这个世界上不再有人说 BOP 没有电。"

这就是李霞，她制造光，传递着光，点亮了这颗星球上一个一个黑暗的角落。

一菲手记：

天空狭窄，日子紧凑。

在非洲短暂的采访期间，我们贴身伴随李霞走到"最后一公里"的地方。辽阔的东非草原上，牧羊人正扬鞭驱赶着牛羊，我们的车在蜿蜒的山路上行驶着，时不时就和各种野生动物邂逅。

采访间隙，我不停地打量着这位独闯非洲、三个孩子的母亲——李霞。很难想象17岁前还未见过火车的她，若干年后能够与非洲结下不解之缘。

这就是李霞，操着一口流利的英语，和当地经销商谈天说地聊生意，用一盏盏微光点亮了埃塞俄比亚的无电区和一个个非洲村庄。

好风凭借力

他是一位中国的女婿，他的名字叫默罕奈德，在中国生活了 20 年。从收入微薄，到有房有车有家，还开了一家生意火爆的餐厅，是义乌成就了他的梦想。

默罕奈德做梦也没想到，一次中阿合作论坛部长级会议，提到他这位阿拉伯青年在义乌努力奋斗、追求幸福的故事。他的命运从此改变。

两汉以来的"丝绸之路"和"香料之道"为中阿交往开启了先河。褪去历史的浮光掠影，享有"世界小商品之都"称号的义乌，被誉为"新丝绸之路起点"，也是中东商人的云集之地。

义乌的稠州北路紧邻国际商贸城，默罕奈德与朋友合伙经营的"贝迪"餐厅就坐落其间。刚过圣诞节，贝迪餐厅门口的圣诞树落满雪花。站在灯火通明的餐厅前，不经意间抬头，看到落地玻璃窗内的食客们，正享受惬意的美味时光。

在充满异域风情的餐厅三楼，我见到穿连帽运动衫的老板默罕奈德，正和几位店员忙着铺排深绿色桌布，为中东客人的家庭聚会提前做准备。

乍一接触默罕奈德，他显得有些木讷，但是一

| 默罕奈德在餐厅忙碌

提到这家餐厅，他便用流利的中文跟我们说："'贝迪'在阿拉伯语中是'我家'的意思，我希望贝迪餐厅带给南来北往的客人五星级标准的用餐体验，是回到家的美好感觉。"说完，他带我们走到餐厅僻静处坐下，我看到角落的整面墙雕刻着"一带一路"地理版图，旁边的电子屏幕用沙画展示古丝绸之路中阿贸易的历史演变过程。

默罕奈德看着墙上的地图，神色动容："义乌作为'一带一路'建设的桥头堡，让我享受到了很实惠的红利。尤其是 10 年前首发的中欧班列经过'一带一路'沿线国家，餐厅开始涌现出很多外国客人，我重新进行了装修和扩大，年营业额从以前的 200 万元增长到了 1000 万元。而且，阿拉伯美食的大部分原材料都能在义乌买到，大大降低了我的采购成本。"

| 默罕奈德（左）带笔者逛义乌夜市

初来义乌，身为东道主的默罕奈德提议我一定要逛义乌夜市。人头攒动，熙熙攘攘，夜市的人群驱散了冬夜的寒意。我们行走在汇集全国各地风味小吃的食街，各种百货商品琳琅满目。

默罕奈德停在了一家童装摊位前，他摸了摸黑色羽绒服的面料，用正宗的普通话与摊主熟练地讨价还价。这一刻，很难把他与外国人联想在一起，他完全融入了义乌当地的生活。

"义乌是我的第二故乡，我在这里住了 20 年，在这里，我闭着眼睛都不会迷路！"

默罕奈德的妻子刘芳是安徽姑娘，头裹红头巾，为丈夫改变了穿着习惯的她，远远看去，真就是一位阿拉伯女性的形象。

| 默罕奈德初到义乌

| 默罕奈德一家

每逢周末,刘芳和她的妹妹、妹夫及孩子们在贝迪餐厅欢聚一堂。刘芳的妹妹个性很开朗:"当初,我父母都不同意姐姐嫁给外国人,还派我去广州'盯梢'。现在,我们一家人都很感谢姐夫,他还带我们一起做生意。"一旁的默罕奈德低着头默默聆听,他的妻子刘芳则甜蜜地回忆起两人相识的点点滴滴。

"我们算是闪婚,从认识到结婚就6个月时间,连他名字都记不全。那时,我在广州他叔叔的餐厅应聘当服务员,他也刚来不久。有一次,我和同事在广州街头被人撞倒在地,我受伤了,一个人躺在宿舍养伤,没想到,他带着口服和涂抹的消炎药、矿泉水来看我。他不会说中文,打着手势要我吃药。我既吃惊又感动,他是一个会关心别人的热心肠。"原本沉静不语的默罕奈德抬起头,语气平淡地补充道:"她是叔叔餐厅里的员工,我们该对她负责任。"

"怎么会想到从广州辗转来义乌开餐厅?"我问道。"叔叔餐厅有位也门的商人和我闲谈时，抱怨说在义乌做生意的阿拉伯商人很多，但满大街全是中国餐厅，找不到一家阿拉伯人开的餐馆。我当时就觉得这是个大好的商机，顿时冒出到义乌开餐厅的念头。"默罕奈德说。

刘芳回忆起了刚到义乌时的种种不适应："可不是嘛，下了火车，远远望去，义乌街头全是低矮的老房，四处都是正在修建的工地，哪能与繁华的广州相比？我扭头就哭，吵着要回广州。"

"我劝她，所有城市的发展，都要经历这个过程。我能预见，不久的将来，工地修建好以后，同样会有时尚的高楼大厦。她很尊重我，我们就留了下来。"

在义乌，夫妻俩共同经历了创业初始的种种艰辛。

刘芳摩挲着衣袖的褶皱，放缓声调："最艰难的时候，我们连餐厅的房租也交不起。他是爱车胜过房子的人，把心爱的跑车卖掉，一年都没车开。"

当时，默罕奈德打电话给房东，希望暂缓交租，没想到房东说没事，什么时候有了再交也不迟，他又支支吾吾提出生意难做，能不能减免些房租，哪知房东一口答应，还问他希望减到多少合适。"我很意外，我一个外国人，遇到困难，能得到中国人的支持和帮助。你看，餐厅也有许多中国朋友，为了留住他们，我们的菜品也在调整，尽量适应中国人少糖的饮食习惯。"默罕奈德和妻子刘芳，很有默契地相视一笑，"我们和房东成为了好朋友，隔三岔

| 笔者与默罕奈德妻子刘芳（右）

五，我们俩都会提上水果去探望他。"

整个交谈过程中，默罕奈德和妻子你一言我一语，配合默契。从他们看彼此的眼神中，我读到了包容、信任与爱。

夫妻俩有两个儿子，这是他们爱的结晶，也是他们真正的希望。

在一个忙碌却很幸福的家庭中长大，两个儿子都非常可爱和懂事。在他们成长的心灵里，既有母亲无微不至的关怀，也有父亲慈祥的目光。

走过他们的餐厅，已是灯火阑珊，晚风吹过义乌，我们体味到一座小城的温柔与美好。我们将离开这里，带走一份美好的记忆。但我们也会留下一份祝愿，留给这座城市和这个独特的家庭。

一菲手记：

世界上不知有多少叫默罕奈德的人，我认识的默罕奈德是一个中国通，确切地说他是一个义乌通。你很难想象他领着中国朋友在义乌的大街小巷里兜兜转转的那份熟络。

默罕奈德最自豪的事情就是看到人们把他做的饭菜吃光，看着他满足的表情，总有一种陶醉的味道。看着越来越多的客人来到餐厅，他的心情每天都像过节。

他跟我说："我虽然是阿拉伯人，但我的家就在义乌，这里良好的营商环境，让我特别安心、特别踏实地实现梦想，开启幸福的生活。"

默罕奈德也是大伙都认可的好男人。他既真诚热情，又十分细腻。当我听他谈到孩子教育时，他和全天下父亲一样也做着望子成龙的梦。

水拓画上的金银花

美国诗人弗罗斯特在一首诗中写道:林中有两条路,我走了一条世界上少有人走的路,而此后的一切都变得不一样了。

一位叫张欢的苏州姑娘,与一座叫伊斯坦布尔的城市结下了不解之缘。

行文至此,此时此刻,张欢已经在土耳其定居了十个年头。她从认同这个国家、这座城市开始,直到在这里有了归属感,如今她以作为一个伊斯坦布尔的文化通而骄傲。

伊斯坦布尔风光

时光倒转，当时的张欢刚刚大学毕业，选择在苏州的一家艺术馆任职，担任策展人。一张土耳其水拓画的海报，吸引了她，令她对这种独特技法产生了浓厚兴趣。她经过查资料了解到，这门古法艺术与我国唐朝小说家、骈文家段成式在《酉阳杂俎》里记载的"墨池法"有千丝万缕的关系，于是原本就学艺术的她便动起了要到土耳其找这位大师拜师学艺的念头。

但是想要结识一位从未谋面、远在海外异国的世界顶级艺术家，并且想要拜其为师，这并不是一件易事。在很多人看来，张欢的想法有点疯狂。

起初，张欢开始在网络上追寻各种有关这位艺术家的信息与资料，并不断通过各方面的信息累积自己对水拓画的认识。同时，她关注到网络上有很多艺术家的创作视频，便开始关注其在社交网站的私人账号，并留言表达自己的想法。

然而，网络世界就如茫茫大海。她虽然能通过网络了解艺术家在全世界不断地巡回展览、演出，但是她所精心撰写的留言却从未收到过任何回复，如石沉大海般杳无音信。

念念不忘，必有回响。

不久，张欢就结识了来自土耳其的男友，之后顺理成章地随他来到伊斯坦布尔生活。这似乎是命运在助力于这个勇于追梦、敢于挑战未知的女子，这份跨国情感让她向仰慕已久的水拓画大师迈出了一大步。张欢认为，既然天赐良机，就不能轻易错过。于是，她立刻给水拓画大师的社交账号留言，告诉他自己已经来到土耳其生活，并在他所生活的城市定居。

如此这般的努力，果真打动了这位艺术家，他不敢相信，一个中国女孩儿为学习这门艺术，竟然费这么大的功夫。虽然没有马上答应收她为徒，但愿意与她见上一面，以此回报她的诚意。

于是，张欢在不久后终于见到了知名的土耳其水拓画艺术家加里普·艾（Garip Ay）。

两人见面后，并没有想象中那么顺利，加里普·艾觉得他不能招收张欢这个学徒。因为张欢不仅在粉彩画、国画方面的技法颇高，还与自己年纪相仿，同时自己长期全世界巡回无暇专注教学，所以他建议两人可以成为相互学习艺术的朋友。

虽然未能拜师成功，但是在张欢自己看来，已经是最好的结果了。虽然无法以师徒相处，但在张欢的内心里已把加里普·艾当成了老师，并坚持一周三趟到他工作室学习。

然而，每一趟学习之旅都并不轻松。

土耳其是一个横跨亚欧大陆两洲的国家，伊斯坦布尔则是横跨两大洲的城市，加里普·艾的工作室在靠近博斯普鲁斯海峡的欧洲老城区，而张欢则住在亚洲区市郊的山区里。

每次，她都得翻山越岭，然后坐上一小时汽车，最终乘坐渡轮跨过海峡，经过三个多小时的路程到达加里普·艾的工作室。

| **笔者体验水拓画创作**

她总是带着各种疑问来讨教，加里普·艾也会耐心地解答和分享，

他心疼这个中国姑娘在异国他乡这般辛苦的追随，所以创作时，也总是毫无保留地让张欢在一旁观摩学习。

张欢以这种方式，一坚持就是三年。在以后的日子里，他们成为亦师亦友的关系，同时她也自然成为加里普·艾在中国地区的艺术经纪人之一。

此后，她不仅将加里普·艾引荐到中国参加各类演出和活动，还经过多年学习，略有所成，在杭州举办了自己的首个水拓画个展。

之后，她很快被伊斯坦布尔政府签约为公立展国际艺术展览合作策展人，负责中土文化项目的艺术交流。

经过多年努力，张欢总算是遂了心愿，成功地在伊斯坦布尔落脚且开启了全新的生活。但这段艰辛历程，并不是所有人都能了解和想象的。

"我来到伊斯坦布尔生活后，家人、朋友都认为我是崇洋媚外。"说这话时，黑发飘飘的张欢，撩了撩耳后的发梢，半垂灵动美眸的眼帘，飞扬的嘴角带有一丝不被人理解的苦涩笑意。

坐落在欧亚大陆交界处的伊斯坦布尔曾经是世界性大都市，位于黑海的门户，战略地位很重要，它也是古丝绸之路上重要的商品贸易中心和中国货物走向欧洲乃至更远地区的重要中转站。

历史与现代的交汇、亚洲与欧洲的交接、传统文化与多元艺术的碰撞、民族与世界的融合，这一切都是张欢喜欢这里的理由。

理解的不需要解释，不理解的也没有解释的必要。

她就这样一头钻进了自己全新的事业中，每年为伊斯坦布尔政府举办一次大型国际画展，每个季度按要求在选定的城市策划一次小型国际画展。

她参与策划并组织邀请了四川非遗代表团到访土耳其，在当地大学举办漆艺、竹编等非遗制作技艺交流讲座；又邀请苏州芭蕾舞团到伊斯坦布尔进行交流演出；还策划了西安市青少年宫艺术团到土耳其与当地少年进行文艺汇演。不仅如此,她还策展、招募全球艺术家参加由伊斯坦布尔政府举办的国家艺术大展。张欢,现在俨然已成为中土文化交流的使者。

爱上一座城市是不需要理由的。

她总觉得自己就如丝绸之路上往来的旅人,如同这地中海的祥和暮光,既令她流连忘返,又让她沉浸在这座城市的安宁生活中。

新冠疫情波及全球,从而也影响到张欢的艺术策展工作。于是,她快速转型,开始做起网络贸易。她在朋友圈里写道:不管里拉如何暴跌,疫情怎样肆虐,周末的博斯普鲁斯,一如既往的宁静。

这种随遇而安又识时务的生活态度,与金银花的花性极为相似。金银花具有超强的生命力,在水土匮乏的荒芜郊野也能葳蕤生长。

诺贝尔文学奖得主奥尔罕·帕慕克在作品《伊斯坦布尔:一座城市的记忆》中,以一种"命运"的笔法来陈诉主人公的境遇,"命运"在这里是指受制于历史、社会等结构性条件,使得事情发展成"必须如

| 托普卡帕宫外景

此"的一种"宿命"。

张欢总觉得，她与伊斯坦布尔的相遇是一种命中注定。

土耳其人见面时的开场白总是"你是喝土耳其咖啡还是土耳其茶？"不论是咖啡还是茶，总会有一张温暖的土耳其椅子在等待着你。

同样是在奥尔罕·帕慕克的著作《瘟疫之夜》里曾提到："西方人说穆斯林，'他们没有采取太多预防措施，他们是宿命论者'。"

他期望疫情过后能看到一个更好的世界。其实，张欢也是如此。

她永远也不会放弃对绘画、对艺术、对文化交流的追求，她相信疫情终将会过去，她希望她的展览和艺术活动永远有下一次。

为了追寻心中的梦想，从吴侬软语的江南来到遥远的陌生国度，张欢圆了自己的梦，也圆融了我们这段关于丝路的一个动人故事。

其实，远不止这些。

一菲手记：

当我漫步在博斯普鲁斯海峡边，望着落日余晖中熠熠生辉的海面，恍惚间明白了张欢爱上这座异域之城的原因；当艺术家加里普·艾亲自教我制作水拓画时，顺着他的画笔勾勒出一幅完美的丝路画卷，立刻能够感受到张欢为这项艺术着迷的理由；当我与她乘车穿行在亚欧之间时，车水马龙与人来人往汇聚成匆匆洪流，霎时如与她站立在城市街道，流连在世界的中心。

遥想唐风浩荡，悠悠岁月，起源于我国唐代"墨池法"的水拓画，经漫长的丝绸之路辗转流传至土耳其，结合土耳其奥斯曼时期的传统艺术，如今得以完整鲜活地保留下来，这似乎印证了著名大提琴家、作曲家马友友的观点："你越是深入研究一件事物的源头，就越能在本地的物品中找到世界性元素。"

匠心在远方

弱水三千只取一瓢饮，大体说的是，知道自己想要什么，要多少。

当一个人和一件事情联系在一起的时候，找到了方向其实也就是找到了位置。

他叫吕志道，一位文旅商人，专门承接海外国家在中国举办的各种展览以及各种大型展馆的设计制作。但他更愿意称自己是一位工匠。

漫漫丝路，归去来兮。

吕志道以自己的方式，走在丝路上。

2019年，在北京举办的由110个共建"一带一路"的国家参与的国际盛会——世界园艺博览会上，吕志道与土耳其最大艺术广告公司打造的土耳其园惊艳亮相，成为该展会规模最大、人流量最多的展馆。

蓝色门窗、白色建筑呈现出典型的蓝白地中海印象。展馆中央是一座复古的欧式喷泉，活力泉水汩汩地跳跃涌动着，这是由来自土耳其不同省份的大理石建造的喷泉。

穿过精致的花园就是土耳其馆主馆，主馆是一栋棕黄色建筑，是以第三十二位奥斯曼帝国苏丹阿卜杜勒·阿齐兹的狩猎

曹景行（右）和北京园艺博览会土耳其展馆馆长郭少鹏

行宫为原型建造的。建筑主体是由众多不同图案的窗花式样片制成,每一个图案都有寓意,其中一个样片是方形框中装满锯齿,寓意着东方与西方的意思,这暗含土耳其是欧亚大陆的要塞,也是东西方文明汇聚的中心。

曹景行先生是我们的丝路寻访人,从他的视角看过去,这座充满异国情调的展馆,有着独特的魅力,彰显了中土两国文创匠人的心血,其中所传递出的土耳其文化在这里得到自然、自由与和谐的呈现。

二人齐心,其利断金。

在这成功合作的背后难免会碰上各种复杂的难题,好在最后都被一一化解。

北京世园会开放的前一日,馆内移栽满的土耳其国花郁金香,由于吕志道团队忽略了北方的气候原因,导致满园上千株郁金香只零零散散开了几朵,一片凋零之气,这令土耳其合作方大为不满。于是吕志道连夜派人将种好的郁金香全部拔掉,通宵加班换上开得正艳的其他花卉品

| 曹景行(左)、北京园艺博览会土耳其展馆馆长郭少鹏(中)和永一格文旅创意产业集团创始人、董事长吕志道(右)

| 笔者拜访 DDF 设计公司

种，才算摆脱了这种尴尬的局面。

此次承接项目，是土耳其 DDF 公司通过网络搜寻找到吕志道的，主动联系他希望能进行合作。

吕志道以多年的经验判断，对方不过是在询价，想要以低价择优。这种先报价再谈合作的方式令吕志道很为难，在尚不了解对方的详细需求情况下贸然报价，不仅难以确定对方的合作意向和成功概率，还会令其在确定合作后的收益空间大打折扣。

于是，明知合作希望渺茫，吕志道出于专业精神与尊重，还是认真提供了自己的报价。不过，土耳其方认为他的报价过高，婉言谢绝了合作。

这似乎在吕志道的意料之中，但是，后来的结果却令他惊喜。

土耳其方在国内四处询价，一圈下来发现吕志道团队的报价竟然是最合理且最实惠的，于是再次找到他并确定了明确的合作意向。

伊斯坦布尔，一栋红砖房老建筑，这里就是土耳其著名的 DDF 公司。公司内部格局错落有致，陈设着各种新奇、有趣的家具、装饰艺术，工作区以暗调区分，灯光阴阳有别，办公桌摆满设计稿和动漫手办，功能区是纯白色调，会议室有大大的落地窗，一些转角或玄关都有精美的油画作品点缀，这里满足了所有对创意设计公司的想象，艺术气息浓厚。

Adsiz Dogan Ekmekci（多安）、Arhan Kayar、Esra 和 Ekmekci Calicioglu 是这家公司的三位联合创始人，他们与吕志道热情拥抱，互致问候。

谈起与吕志道此次的成功合作，Adsiz Dogan Ekmekci（多安）说："我认为我们整个部门的协调都很完美，在很短的时间内取得了很好的结果。同时我非常感谢中国人民，因为据我所得到的反馈，在世界园艺北京博览会期间，被参观最多的展馆就是我们土耳其展馆，为此，我再次对每位参与的建设者以及参观者表示感谢。"

公司主席 Ekmekci Calicioglu 热情地说："中土的友好关系可以追溯到很多年前，我们土耳其的祖先来自中亚，所以双方文化中有很多共性，人们彼此之间的友谊、爱意、尊敬，特别是那满眼表达着'欢迎您'的笑意。您看到的这个建筑，其实本身就是思考着中华文化而产生的一件作品。"

言谈之间，DDF公司的三位合伙人都表示非常期待能与吕志道团队、中国公司一起合作出更多好作品，显然这是一次愉快的合作，也是一次成功的合作。况且，这次合作对于吕志道来说也意义重大，这是他与土耳其的再续前缘。

吕志道能够与土耳其的公司成功合作十余年，其中的甘苦冷暖自知。

12年前，吕志道团队作为上海世博会服务供应商，承接了土耳其国家馆和欧洲联合馆等十个国家展馆设计、承建及运营，这是他第一次接到来自土耳其的订单。

其实，为了承接到项目，吕志道当即拍板，以最快的速度抵达土耳其，与土方公司面谈合作事宜。

他带着团队在土耳其待了十几天，还走访了十几个城市，尽可能地了解了土耳其的文化、历史，在与土耳其的甲方沟通设计理念中，尽可能考虑到文化的差异和思维方式的不同。

但是，双方的谈判在价格上僵持了很长一段时间。吕志道就能否完成该项目也纠结了很久。后来他弄清楚土耳其方是由于金融危机等多种缘故，导致了经费紧张。

考虑到未来的合作，吕志道以成本价签订合同，承接了上海世博园土耳其馆项目。

"不是每一个项目都只看重盈利，虽然利润相当微薄，但是在行业、客户中的口碑与影响力不言而喻，同时也为公司增加了非常有说服力的国际合作案例。"吕志道非常清楚地解释自己做出的决定。的确如此，很快他们就签下土耳其馆对面的卡塔尔馆，卡塔尔展馆有3000平方米，预算相当充裕。

合作是一种平等的关系，必须体现出相互的尊重。

在施工环节，土耳其对施工工艺的标准与中国是不一样的。比如，中国擅长使用新材料等都需要双方深入的沟通，但随着工程的进展，土耳其方对中方施工团队扎扎实实的质量、要求有了新的认识。

好事成双，开馆后的土耳其国家馆在门票收入方面拔得头筹。

平平常常的一家冰淇淋店面，每日就有20万元收入，占地面积2000平方米的土耳其国家馆创下9000万元的可观营收！这也为此次项目的成功合作画上圆满句号。

吕志道以"务实"精神一以贯之，让海外合作商对中国合作伙伴刮目相看。

"我只是一个工匠，我只是干好手中的活儿。"

踏实稳重中自带内敛的性格，不知道这是不是南粤人的性情。即使吕志道在获得巨大成功时也依旧低调谦逊。

你很难想象到，一个不会外语的人，却能娴熟地从事国际合作。

场景切换到伊斯坦布尔一家网红牛排店，吕志道和 DDF 公司的合作拍档 Adsiz Dogan Ekmekci（多安）做着沉默的交流，借助网络社交软件的即时翻译功能，俩人就合作项目愉快地洽谈着，啤酒撞在一起，酒花飞溅也像无尽的笑意。

选择比努力重要，既然选定了自己的方向，哪怕风雨兼程，也在所不惜。这就是吕志道和他的团队。

让我们看看他这 20 多年都做了些什么。

20 个国家的国际项目，累计设计建造了超 125 万平方米的文旅项目，荣获了 80 多项国际行业荣誉，也许还有更多更多……

一菲手记：

吕志道，他凭借自身本领将生意做到海外，并赢得美誉，是一个普通中国人实现丝路梦的成功个案。他说自己是生逢其时，这与国家的开放发展的格局有关，赶上了时代发展的好机遇，助力他更快、更顺利地开展了国际业务。

他的土耳其合作伙伴，DDF 公司主席 Ekmekci Calicioglu 也表示他们一直在关注着中国的点点滴滴，与吕志道合作是一种特别令人愉快的体验，中国提出的共建"一带一路"倡议，是非常重大的和重要的倡议，想要着手做的事情很多，希望可以先从进出口贸易的相关项目推动起来。

如今，越来越多的人都看好共建"一带一路"倡议下的发展机遇，我们也相信勇于奋斗、善于把握机会的人，终将会梦想成真。

吕志道，也许是时代造就的中国工匠，而未来，也许就属于正在阅读这个故事的你。

中国女婿

陈威曾是埃塞俄比亚格兰云天国际酒店的工程总监，2021年，由于疫情滞留在中国西安的老家，妻儿都在埃塞俄比亚，上一次见面已经是两年前了。

"我想我儿子啊，就盼着这疫情彻底结束，立马赶回埃塞俄比亚去。幸好有微信，每天视频通话，雷打不动。我偶尔忙起来，忘记视频通话，太太就会打电话过来。"

归心似箭的陈威，乐呵呵地笑了。

大学毕业那年，陈威先在一家生产集装箱扫描设备的公司担任售后工程师。工作期间，他接触到埃塞俄比亚的项目，了解到这个无工业支撑的农业大国，以古老的文明、零殖民的历史、快速发展的经济屹立于东非高原之上。

陈威在十三朝古都西安长大，对埃塞俄比亚这样具有深厚文化底蕴的文明古国，有着与生俱来的好感。

2010年，陈威进入中航国际工程公司，长驻埃塞俄比亚首都亚的斯亚贝巴。他游览过当地几乎所

陈威（右）在埃塞俄比亚格兰云天国际酒店工作

有的名胜古迹，最令他震撼的是拉利贝拉，精雕细琢的教堂像庞大的雕塑，从坚硬的岩石中开凿而成，这是信仰的伟大力量缔造出的世界级文化遗产。那个时候，陈威没有想到，他终将会因为一段爱情留在这个令他沉醉的国度。

陈威在朋友的聚会上认识了他的埃塞俄比亚妻子，她的名字翻译过来有"和平"的意思，嫁给陈威后，她取了随夫姓的名字"陈平"。

陈平给摄制组留下了深刻印象，1.7 米的高个，

| 陈威妻子与两个儿子

油亮卷曲的长发，脸上总是挂着甜美的笑，让人想起迪士尼那位擅长烹饪的蒂安娜公主。值得一提的是，身姿婀娜的埃塞女孩，在灿烂文化和旖旎风光的孕育下，出落得美丽灵动，被誉为"黑珍珠"，是世界选美

| 笔者聆听陈威的故事

大赛冠军的常客。

摄制组到访时，陈平正在厨房里给家人做手抓饭。两个儿子，一个像妈妈，一个像爸爸，正在沙发上玩耍，还对着镜头扮鬼脸，可爱至极。

拍摄中，陈平话不多，只是安静地坐在陈威旁边，但提起这段跨国婚姻，她似乎打开了话匣子，"他是位好丈夫，他尊重我的一切，宗教信仰、民族习俗"。说话间，她把做好的手抓饭塞进陈威的嘴里，陈威顺势接住，看来习以为常。

对于妻子，陈威也毫不掩饰自己的宠溺。

"我太太爱臭美，隔三岔五就要去烫头。她花钱没计划，缺乏储蓄的习惯，有多少花多少，我和她讲道理，她也接受，现在学会有计划地花钱了。"

陈威和太太刚交往时，他的事业还不见起色，正是人生的低谷期。外界并不看好两人的恋情，包括她的朋友都劝她离开陈威。陈威也很犹豫，不知她的心思，就去探望她。

那时她的脚受伤了，见到陈威来非常开心，瘸着腿硬撑着起来给陈威做爱吃的手抓饭。这一幕让陈威很感动，她在用行动告诉他，愿意和他在一起。没过多久，陈威按照当地的习俗，牵上羊，陪同女友拜见准岳父。

他见到准岳父手上还戴着廉价的电子表，用的手机也是黑白的老年机，慷慨地取下手腕上的品牌石英表，递过自己的智能手机，送给了准岳父。"不是刻意讨好他，只是心里已经把他当成家人，应该好好孝顺他老人家。"

见陈威如此诚恳，准岳父非常开心，立马起身在院里烧水、宰羊、炖肉，买来啤酒，大家围成一圈吃肉喝酒、载歌载舞。征得准岳父应许后，两人办理结婚证，成为合法夫妻，"我必须要对她负责"。

埃塞俄比亚的一切都进展得很顺利，然而，陈威在国内的父母却是另一种态度。

陈威告诉我们，他的父母都是很传统的中国式家长，一开始难以接受他娶了一个非洲媳妇，语言不通、文化差异构成了他

| 陈威与两个儿子

们的担忧，而且，距离这么远，二老想见上她一面都难。为了消除公婆的顾虑，陈平经常给两位老人打视频电话，甚至很快学会了用中文喊"爸爸妈妈"，每次都要贴心嘱咐他们保重身体……慢慢地，陈威的父母喜欢上了这个非洲儿媳。

婚后，陈威生活在国内，每过一段时间便回到埃塞俄比亚工作，并看望妻儿。不过，十多年前的一次经历让他下定决心来埃塞俄比亚定居。

那一天，陈威买了满箱的零食、玩具和礼物，从西安辗转十几个小时，终于抵达亚的斯亚贝巴。一想到马上就要见到妻儿了，他满心欢喜，几乎一路小跑。令他始料未及的是，因为签证问题，他被拦在了到达大厅，禁止入境。玻璃门外，妻子一手抱着小儿子，一手拉着大儿子，正翘首等待他回家。这位来自中国西北的硬汉只能低声哀求工作人员，哪怕让他们见一面也好。就这样，一家四口拥抱在一起，难舍难分，泪如雨下。

从埃塞俄比亚回国后，整整一个月，陈威茶饭不思，时刻都在思念万里之遥的妻儿，他不想缺失作为丈夫和父亲该有的陪伴，手续完善后，告别父母，他正式移居埃塞俄比亚。

2022年，陈威夫妇的大儿子7岁，小儿子5岁了。他给妻子买了车，以便接送两个儿子上下学。他们的生活模式简单、平淡，就像国内很多传统夫妻：男主外负责养家，女主内负责抚育孩子。

陈威告诉我们，他和妻子从交往到结婚生子，12年过去了，从未发生大的冲突，凡事商量着来，生活平平淡淡，但心里却无比知足。

一菲手记：

家可以是一个人的双脚，家也可以成为一个人最温暖的怀抱。

那个不过40平方米的小家里，摆放着一家四口的照片，还有一束盛开的鲜花，那是陈威送给妻子的礼物。阳光穿透窗户，我看到了幸福婚姻的模样。

走进非洲的人很多，但是在非洲拥有一个由爱情编织的梦却令人神往，它是孩童等待父亲归来的眼神，它是炉灶上弥漫的米香，它就是一个中国女婿在埃塞俄比亚的家。

"埃塞俄比亚通"老王

4年前的一个夏夜,我们经历十几个小时的飞行,在天刚刚亮时抵达埃塞俄比亚的首都亚的斯亚贝巴。从滑行跑道看向机舱外,一幢白色的现代化建筑格外显眼,这是深圳格兰云天旗下首家海外酒店——埃塞俄比亚格兰云天国际酒店。

长途奔波的疲惫遇上雨季的湿冷,一行人不禁打起了哆嗦。抵达格兰云天国际酒店后,当地的工作人员随即端上几杯地道的热咖啡,满脸笑容,态度谦和。

埃塞俄比亚已有50多年没有新建高星级酒店,2019年初开业的格兰云天国际酒店,是中国企业积极践行"一带一路"倡议、实施海外项目"投建管"一体化的呈现。

| 埃塞俄比亚格兰云天国际酒店中餐厅徽派建筑彩绘

开业那天,酒店迎来了埃塞俄比亚总理阿比·艾哈迈德先生,他对酒店给予了盛赞:"酒店的氛围很好,感觉现代明亮,非常奢华大气,在非洲大陆都是标杆性项目。"

坐在宽敞明亮的大堂,国际化和现代化的设计元素随处可见,而进入中餐厅,又仿佛置身国内。特色设计的背后,离不开王文辉的构思,他当时是格兰云天酒店管理公司副总经理,分管埃塞俄比亚酒店项目。

随着中餐在非洲越来越受欢迎,酒店业主方——埃塞俄比亚航空公司希望能在本国打造非洲最大、最高端、最正宗的中餐厅。在中餐厅落地的过程中,王文辉有意选择

| 埃塞俄比亚羊皮画开创者莱玛·古雅

受当地人喜爱的东方元素:带有盖碗的茶器,餐厅墙面邀请艺术家画了中国传世名作《步辇图》,还有徽派建筑、四川大熊猫等富有中国特色的壁画。

讲到这里,王文辉开心地笑道:"这些在国内人人皆知的寻常器具和传世名画,受到埃塞俄比亚国宝级艺术家莱玛·古雅的青睐,他因擅长在羊皮上作画而闻名。"

非洲民间艺术有羊皮画和乌木雕闻名于世,而莱玛·古雅正是埃塞俄比亚羊皮画的开创者,他的多幅画作被非洲联盟总部收藏。莱玛的羊皮画形态逼真、惟妙惟肖,融合了艺术的细腻与原始的狂野。

那一天,91岁的莱玛·古雅到酒店中餐厅用餐,那是他有生以来第一次使用筷子,第一次喝盖碗茶,第一次触摸到中国的绘画。当王文辉介绍壁画是中国1000多年前的名作时,莱玛·古雅神态恭敬地用手摩挲壁画中的人物,仿佛在与画中人对话。老人家还说到,他很早就听

闻中国的艺术，多么希望有更多的机会去感受古老的东方神韵。那一刻，王文辉目睹中国文化在他乡受到的礼遇，内心感到无比的自豪。

王文辉也热爱非洲文化，不论是"盛产"马拉松冠军的偏远小镇，还是壮观的东非大裂谷，他都一一领略过。他还告诉我们，目前所知人类最早的祖先"露西（Lucy）"化石也是在这个古老的国度被挖掘出来的。

在埃塞俄比亚国家历史博物馆，我们见到了这具完整性达到40%的女性骨架，面对距我们320万年的"露西"祖母，来自远古的呼唤穿过漫长的历史隧道，仿佛在耳边呢喃，如此神秘，让我们惊叹不已。

提到非洲的历史文化，王文辉兴奋得停不下来，他毫不掩饰自己的神往，"那是一个会令人泪流满面的地方"。因为对当地文化的熟悉，王文辉多了一个外号："埃塞通"。

作为企业管理者，王文辉希望中国酒店品牌能与他热爱的文化融合在一起，"中方企业落地海外发展面临的最大挑战，就是文化差异带来的现实问题"。

| 王文辉（左二）在埃塞俄比亚工作

格兰云天国际酒店刚开业一周，恰逢第 32 届非盟会议在非盟总部——埃塞俄比亚举行。非盟是一个包含了 55 个非洲会员国的联盟，是集政治、经济和军事于一体的全非洲性政治实体。酒店要承办 55 个会员国国家元首的晚宴，还有各国驻埃塞俄比亚的使节、政要、商务人士等，规模达到 2000 人。

酒店刚开业，一切还在磨合中，就要承接如此高规格的宴会，王文辉和同事们都有些忐忑。面对这场大型国宴，他们参照国际标准，包括国家元首的座次安排、食材和菜品的个性化需求、器皿的视觉美、接待流程的一丝不苟、宴会的仪式细节等，他们都想拿出世界一流的水平做好服务。

然而，经过反复沟通，王文辉他们发现，会议主办方对就餐形式要求很简单，而对就餐的氛围、安保格外重视。为保障国宴的顺利举办，格兰云天国际酒店从国内姊妹酒店抽调五名宴会专家来支援，通过大型自助餐、高端酒会及严密的后勤保障服务。前期，服务团队分别和主要国家元首的工作人员对接，了解元首们的个人喜好及所在国的文化习俗，针对不同的元首提供不同的菜品及个性化服务。

宴会专家的到来让王文辉和同事们松了口气，然而，一个小插曲却让团队措手不及。

当时，有两位国家元首临时互调座位，这给服务团队带来很大的挑战，要在最短的时间内记住相貌，并调换菜品。所幸，团队拥有多年实战经验，最终顺利解决。当晚宴会由埃塞俄比亚国家电视台现场直播，引起轰动。

回顾这场高规格晚宴的成功举办，王文辉认为："这就是文明互鉴，和而不同的体现。中国酒店奉献世界一流的硬件设施和服务水平，与此同时，我们需要对当地的文化、风俗做充分了解，并保持敬畏和尊重。学习掌握当地的思维方式和习惯，尝试着以当地人容易理解或者他们擅长的方式，来进行有效沟通。"

2019年3月10日，发生了一场空难惨剧——埃航ET302航班在起飞6分钟后突然坠毁，伴随着巨响和浓烟，这架搭载来自多个国家、共有157人的波音客机"陨落"在埃塞俄比亚荒原，无人生还。

埃塞俄比亚航空公司承受的压力非常大，为了安抚不同国家的遇难者亲属，他们专门组织了一批支援团队，以最快的速度赶到了埃塞俄比亚的格兰云天国际酒店，因为空难的所有新闻发布会、所有遇难者家属的接待都在酒店，需要做好周全的预案和准备。

酒店大堂，陆续出现从世界各地赶来的遇难者家属。王文辉很担心那些失去亲人的家属会情绪失控。

令王文辉吃惊的是，来自欧洲、非洲遇难者的家属大多保持着肃静，只有少数低声啜泣。其中有一对夫妇，他们的女儿和外孙女在空难中丧生，更让人痛心的是，9个月大的外孙女是年龄最小的遇难者，然而，令人意外的是，他们并没有表现出悲痛欲绝的状态，在深入了解后，王文辉才明白，西方文化认为这是个人的悲痛，没有必要展示与人，信仰也让他们能够更坦然地讨论死亡问题。

这也在提醒他，在千差万别的文化背景下相互了解和相互尊重的重要性。

摄制组到访的时候，埃塞俄比亚格兰云天国际酒店已经顺利运营了一年半。酒店从制度层面着手，尽可能给当地人提供就业机会，在各个部门都设置了适合当地人的岗位，相当于中国师傅带当地徒弟。中国师傅们也毫无保留地传授所学，正印证了中国的古语"授人以鱼不如授人以渔"。

那天，摄制组拍完外景回到酒店，餐厅门口，当地员工整齐排列，中方工作人员正教他们说中文、唱中文歌，这是他们工作之余的常规娱乐节目。看到我们到来，其中一个员工很俏皮地来了一句："欢迎光临！"

王文辉很感慨地说道："在境外工作的团队，不论是中高层管理人员还是基层员工，出色的专业性之外，每个人都会表现得很自信。在国内，也许大家的意识还不强，而一旦走出国门，内在的使命感被激发出来——你不只代表你自己，不只代表格兰云天，还代表了全体中国人的形象。"

埃塞俄比亚是非盟总部和联合国非洲经济委员会所在地，格兰云天国际酒店作为"埃塞第一、东非一流"的五星级酒店，以独具东方特色的服务理念，创造了中国酒店品牌在非洲大陆的国际影响力。

一菲手记：

在没有见到老王之前，对于我来说埃塞俄比亚是个神秘莫测的国度。见到老王之后，他为我打开了一扇"非洲之窗"，他爽朗的笑声消解了我临行前的顾虑，可以说他口中的埃塞俄比亚给予了我们前行的勇气。

"在我看来，埃塞俄比亚人民是非常优雅的，等公共汽车的队伍永远井然有序，没人插队；再贫穷的人也会坐在阳光下喝咖啡，闲适恬淡。"

从当地的咖啡聊到马拉松小镇，当然还有梦幻般的东非大裂谷，那一刻，他不仅是格兰云天国际酒店高管，更像是一个"埃塞俄比亚通"，他的娓娓道来把我们带到了一个人与自然和谐共生的盛境。

黑眼睛·蓝眼睛

照片上的杜申教授脸上挂着笑容，慈善、谦和。

这一天，杜申教授受邀参加在人民大会堂举办的"改革开放40周年最具影响力的外国专家"颁奖典礼。此时的杜申·尼古拉·瓦西里耶维奇是大庆眼科医院首席外籍专家，他的身后堆放了15部医学专著，全部出自他的手，多项医学发明专利上都写着他的名字。这样一位拥有精湛医术的俄罗斯医学博士，为什么会来到中国？带着这样的疑问，我来到了黑龙江大庆。

杜申教授被授予"改革开放40周年最具影响力的外国专家"荣誉称号

十二月的大庆刚下过一场大雪，踩在铺满冰碴子的路面上，紧张而兴奋，这是我生平第一次踏足这片肥沃的黑土地。

在一座热闹的小院里，俄罗斯的眼科专家们和他们的中国同事，为庆祝即将到来的圣诞节欢聚一堂。我一眼就看到桌上热气腾腾的大盘饺子，同事们笑着说，这是杜申教授的最爱。

谈笑间，杜申教授接到了女儿的视频电话，这位身材魁梧的父亲看着屏幕里许久未见的女儿，眼神里满是温和慈爱。看到这样的画面，我反倒有些鼻酸，他乡故乡，人间冷暖。

中国同事告诉我，杜申教授已经独自在大庆生活了16年。

| 杜申教授与中国同事包饺子

半个世纪前，一场气吞山河的石油会战在松嫩平原上展开，给大庆这座城市赋予了"铁人精神"的凛冽气质。在翻天覆地的城市建设中，这里不仅成为一代又一代石油工人的家园，也是一批又一批外籍专家医疗队的第二故乡。

25年前，大庆眼科医院刚刚建立。当时俄罗斯眼科技术在世界上处于领先水平，大庆眼科医院率先与俄罗斯人民友谊大学签订技术合作协议，其中，杜申教授就是第一批来大庆坐诊的俄罗斯专家。后来，杜申教授干脆提出全年在大庆眼科医院出诊。在他看来，中国有庞大的人口，而黑龙江省与俄罗斯在地理位置、气候条件等方面有相似之处，他在这里遇到的疑难眼病患者要比莫斯科多，这为精于眼科医学研究的他提供了更大的施展舞台。

一天清晨，杜申教授正为一名眼疾儿童做治疗。起初，孩子看到是外国医生给他看病，有点好奇和紧张，杜申教授便和

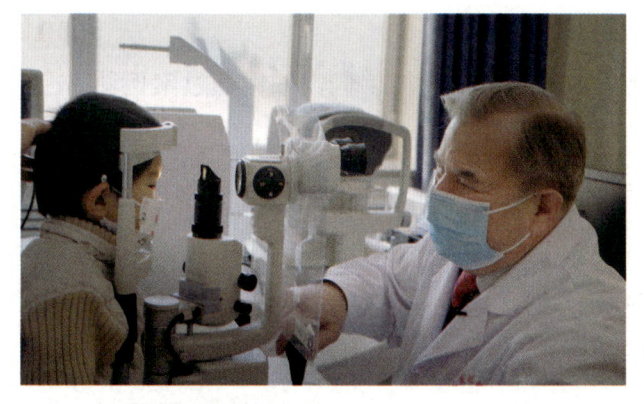

| 杜申教授为患者治疗

他操着有趣的语调讲俄语，以转移孩子的注意力。当孩子还在思索医生说的话是什么意思的时候，杜申教授已经看完了病，这正是他的"独门秘籍"。于是，在他的诊室，他与患者之间，仿佛不是在看病，而是在玩一个有趣的互动游戏。

翻译告诉我，杜申教授已经75岁高龄了，但他坚持出诊，一天要接诊30—35位患者。他并不认为这个年纪应该在家颐养天年，而是尽最大努力多救治患者，也算不枉费这一生所学。

中学毕业后的杜申考入了乌克兰医学专科学校，后来又进入俄罗斯人民友谊大学医学系。摆在他面前的有眼科和外伤科两个选择，他最终成为一名眼科医生，"手术刀下不仅是一个小小的眼球，而是一个人对生活的全部希望"。他想练就精湛的医术，为眼疾患者带去光明。

做眼科手术需要显微器械，每一步都不能出任何差错，挑战的不仅仅是医生精微的技术，还需要耐心与细致。

| 杜申教授与中国学生

在办公室，我看到老杜正手把手教医生徒弟们，如何通过案例图片，准确地判断病情，他甚至还教学生如何安抚病人情绪，事无巨细。

我注意到，杜申教授身旁始终站着一位年轻医生，这是他的得意门生付彦江。

付彦江来到大庆眼科医院工作时，还是一名普通的主治医师，手术经验几乎为零。杜申教授手把手教他青光眼治疗方法及角膜移植手术。在相当长的一段时间里，即使短暂的午休空隙，也成了师徒二人的课堂时间。

迄今为止，付彦江已经诊治了 4 万余例眼病患者，还被评为全国白内障超声乳化手术培训导师。甚至有不少其他城市的眼科医生，慕名前来拜他为师。付彦江总是谦虚地说，"这都是杜老师的功劳"，杜申教授跟我说，"在俄罗斯有一个传统的说法，要想成为一个好老师，就是要学生超过自己，这样才能够更好地去帮助患者，这也是我最大的心愿"。这话很像中国的古语"青出于蓝而胜于蓝"。

在大庆眼科医院坐诊的 25 年里，杜申教授培养了 53 名医生、9 名研究生、3 名博士。在他的努力推动下，黑龙江省成立了第二家眼库，大庆眼科医院也成了大庆市唯一一家可以进行眼角膜移植手术的医院，目前，已成功完成了 300 余例移植手术。

经年累月，大医精诚。杜申教授不仅被中国政府授予"友谊奖"，受邀参加新中国成立 60 周年国庆观礼，他还被授予"改革开放 40 周年最具影响力的外国专家"荣誉称号。

初识大庆，与"铁人精神"邂逅。令我感到意外的是，杜申教授竟然主动邀请我去看看"铁人纪念馆"。

一个时代的英雄会嵌在历史的天空下，不仅成为一种召唤，更是一种精神的指引。

站在巨幅石雕前，一种神圣感油然而生。

然而，杜申教授的感慨给我留下了深刻的印象，他说："大庆这块土地孕育了具有铁人精神的勤劳人民，所以他们能取得今天的成就，每个人都是功不可没的，这些勤劳的人们都为祖国贡献了自己的力量。如今生活条件比从前提高了很多，冷不到饿不到，我们每个人都应该更努力更勤奋地工作。"

我至今记得，杜申教授说完这些话时凝重的表情，他蓝色的双眼充满了真诚与深邃。我想，杜申教授不顾古稀之年，仍然奋斗在一线，为广大眼病患者带来光明，这大概就是铁人精神的另一种诠释吧。

杜申教授的诊室陈设很简单：墙上挂了一幅画，白桦林倒映在蓝色的湖面，林中一条曲径通向宁静村庄。这是大庆医院建院 20 周年时，杜申教授亲自挂到墙上的，画面中的风景正是他的家乡。

| 杜申教授与家人

在杜申教授的住处，摆着一棵圣诞树，这让我们想到了杜申教授在他的故乡度过的那些美好的节日。一棵圣诞树，既是他对故乡和亲人的怀念，也是他在这里生活和工作的一份嘱托。

一菲手记：

这是我们第一次在极寒的天气进行拍摄，这对于习惯了南方温暖气候的摄制组而言，是莫大的考验。扛着摄影器材在冰雪覆盖的地面寸步难行，寒风刮得睁不开双眼，手脚冻得失去知觉……而 70 多岁的杜申教授全程配合拍摄，就像他做医生一样，敬业、专业。他那睿智的蓝色双眼，浸润着普希金诗歌般的爱意，投向测眼仪背后的黑色眼睛，也成为我记忆里最温情的画面。

漫步在郊野的远方，一座工业城市的剪影跃然眼帘，落日晚霞的柔光笼罩着大地，这一路旅程镌刻在我们的记忆深处，永远挥之不去。

我在中国当医生

番禺的每一个清晨,都是在一声吆喝中开始的。一家有些年头的酒楼里,坐满了喝早茶、闲话家长里短的阿公阿婆。我们节目的寻访人储殷教授好奇地看着身旁的杰西,他以流利的粤语迅速点了肠粉、虾饺、炒牛河这些粤菜名点,毫无半点身处异国他乡的陌生感。

当一碟碟点心端上桌,杰西熟练地用筷子夹菜,边吃边说:"我喜欢中国各地的美食!北京的涮羊肉、广式早茶的茶点、蒸排骨、椰浆木瓜、芋头、虾仁等,广东的饮食文化太丰富了。"

杰西带丝路寻访人储殷(左)品尝广式早茶

如不是亲眼见到,储殷教授难以想象粤语和普通话说得如此流畅的杰西竟然是个老外!杰西笑着解释,刚到中国当医生,开药方时就要学会写汉字,所以他现在的中文功底还不错,不仅如此,他还会英、法两国语种及粤语、潮汕的方言。

杰西来自非洲加蓬共和国,他的哥哥因为崇拜功夫巨星李小龙,25年前就来北京当演员,参演过电影《李小龙传奇》。那个时候,杰西还在家乡,哥哥传回的讯息讲述着在中国发生的一切,杰西无不向往。

终于，19 岁那一年，杰西背起行囊，来到了中国的北京。他先学习中文，随后南下广州，学习临床医学，从本科到研究生、再进修为外科博士，最终成为一名中国医生，他选择了与哥哥完全不同的生存之道。

坐在诊室，换上白大褂的杰西开始接诊病人。作为胸肺乳腺外科的主治医师，执医 20 年来，杰西常做乳腺手术、肺创伤修复手术和肋骨骨折手术。

这时，一位印尼华人走进求诊，杰西采用中医的望、闻、问、切替她诊断，再结合西医的方式来检查。在中国多年，杰西对中医药文化颇有心得，熟读《黄帝内经》《伤寒论》等中医药古籍。他经常会给外籍病人推荐中医的药方，详细讲解中草药相生相克的原理。

诊断刚刚结束，有一位护士急匆匆进来，告诉杰西有个病人急需手术。

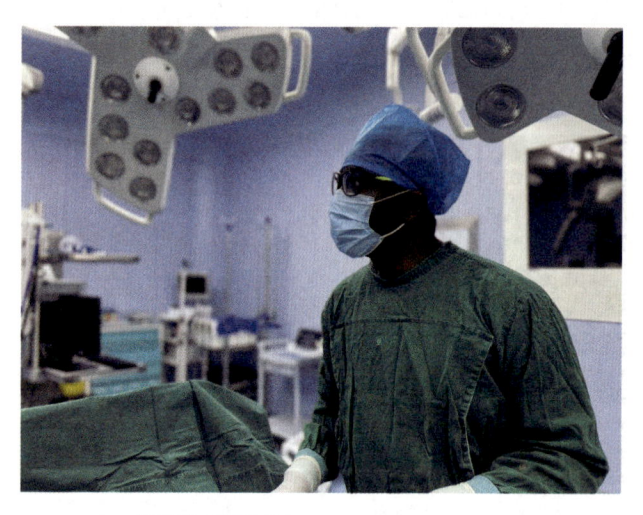

| 杰西医生在手术中

那天的手术持续了近 4 个小时，在中国待了 30 年的杰西，早已适应了这里的工作生活节奏，随时准备出诊，随时准备救人。

"最多一天做过几个手术？"储殷教授问道。

"最多一天去到五六台，而且时间比较长，只能牺牲自己的时间。我们这个年纪的男人，工作之外还得保持健康的运动，身体并不完全属于自己，你还得尽可能留出时间照顾家人。"杰西脱下头戴的花色帽，挠挠头皮，笑了笑说道。

从 SARS 疫情的时候，杰西就在中国，新冠疫情发生后，杰西作为医务工作者参与了广州这场战"疫"，在医院发热门诊值班，并主动请缨到酒店当志愿者，他还走进学校，给一年级的学生培训卫生防护知识。

"疫情期间，广州社区居民守望相助，同心守护家园的团结力量非常强大。我很庆幸待在这么安全的地方。"

我们跟着杰西来到医院附近的外国语学校，他站在课桌前，微微弯着腰，向孩子们亲切地自我介绍。

"我是杰西博士，今天不是来看病，是来跟你们聊天。"他顿了顿，笑容更为亲切，"吃早餐前你们要做什么呢？"

"洗手。"孩子们异口同声地回答他。

"对，吃完早餐了还要洗手，洗得干干净净，细菌和病毒离我们远远的，我来教大家一个七步洗手法……"

教孩子们正确洗手后，杰西医生耐心地与孩子们互动，回答他们提出的问题。一个小女孩举起手问道："如果你的手很脏，碰到那个水龙头，洗完手，然后你又去关水龙头，又把手弄脏，要重新洗吗？"

"这个问题挺有意思，现在很多水龙头是自动感应的，不需要你去碰，或者请老师和你配合，帮你打开水，洗完以后就不用再碰那些东西。"

从教室里走出来的杰西，径直走进了另一栋教学楼。

杰西的妻子是中国人，两人生了一个女儿，目前正在这所学校上五年

| 杰西给孩子们上课

级。杰西平日工作繁忙，照顾孩子的责任落在了妻子身上，他只能趁着来学校上课的空隙，向老师了解孩子的情况。

在教室外的转角处，站在班主任面前的杰西，神色谦逊，当听到老师夸奖女儿，尤其在一次足球联赛中成为最佳守门员时，他情不自禁流露出一丝自豪的神色。此时此刻的杰西，俨然一副中国传统家长的模样。

"我自己没有足球方面的细胞，女儿能找到一门兴趣，这是好事。"杰西开心地笑道。

外国朋友见到杰西，常和他开玩笑说："中国人来啦！"杰西也认为自己是半个中国人，几乎跑遍了中国的山山水水，领略过东南西北的不同风光，他最爱的城市还是广州，这里有他的家人、同学、朋友、同事和他最喜欢的粤菜。

"在广州，我从骑自行车、骑摩托车到开小汽车，一步步见证这里惊人的发展，很有意思。"

杰西强调，他特别喜欢广州的气候，"虽然冬天偶尔有些湿冷，但漫长而明媚的夏日与加蓬的气候相似，这让我常常想起故乡"。

加蓬给人的第一印象就是"绿"，高温、潮湿、河流纵横交错，繁茂的森林一望无际，一座座城市淹没在绿色的海洋里，这让杰西经常将故乡与广州联系起来。

"你为什么要选择做医生？在中国当医生挺累的。"

"在生活中，有时候不要问为什么，用中国话说就是注定，或者是你的路线就是这么走，应该是说命运，是命运让我当医生。"

在南国天空的晚霞里，杰西沉默良久，说出了这番颇有点宿命味道的话。

一菲手记：

笔尖蘸满墨汁，宣纸铺展开来，只见他缓缓写下"和"字，我不由感慨万分，一个非洲籍医生竟能融会贯通学习我们的传统文化。

他就是穿梭在社区为街坊小孩宣讲防疫技巧的非洲医生——杰西。

杰西说，"和"是家庭和睦的和，也是中医文化信奉的阴阳和谐的和，更是中西医文化交融和谐共生的和。

一个简单的"和"字，虽然本身就有包罗万象的多重解读，但是杰西认为它代表中国文化的根。

吉布提的海岸线

"突如其来的新冠疫情侵袭了中国，给往年热闹非凡的神州大地披上了一层阴霾。千里送鹅毛，礼轻情意重，奋战在抗疫一线的中国工作者，也感受到了这份来自吉布提人民的深切关怀。"

这段文字是非洲吉布提姑娘菲娅用中文书写的。她是招商局港口的一名外籍员工，也是一名中国儿媳。

菲娅是17岁的时候来到中国，入读北京邮电大学，四年后毕业进入吉布提共和国驻中国大使馆工作。工作两年后，招商局港口计划在家乡吉布提建设港口，菲娅主动申请入职这家中国最大的央企，她凭借自身优势与外交工作的经验，顺利应聘成功，成为负责该项目的一名高级经理。

菲娅的家乡吉布提，位于非洲东部，濒临海洋，湛蓝的海水和土黄的高原被锯齿状的海岸线割裂，那是一片气候炎热、自然资源匮乏、生物多样性的土地，距离中国深圳的蛇口13000多公里，远隔太平洋、印度洋。

与阿拉伯半岛隔海相望的吉布提，是印度洋通往地中海的必经之路。十年前，招商局港口开始在吉布提复制"深圳蛇口"经验。

自从1979年起，招

| 眺望家乡海岸线的菲娅

商局在蛇口投资建设港口，近40年来"蛇口模式"已发展为"前港—中区—后城"模式的成功样本，这是一种"港、产、城"综合开发模式，它的核心在于港口先行、产业园区跟进、配套城市功能开发，进而实现区域联动发展。现在，招商局港口的"蛇口模式"成功复制到50余个合作伙伴国。

菲娅指着照片介绍未开发前的吉布提港口和现在"蛇口模式"下的吉布提港口。提到2017年她参加故乡吉布提港举行的开港仪式，菲娅显得很激动，能全程参与到自己国家的经济发展中，为国家的经济繁荣奉献自己的力量，这是她人生最有意义的经历。

菲娅在招商局港口的工作已经得心应手，谈及未来，她希望成为中吉两国之间的一座桥梁，让中国经验能够得到更多推广，也让更多年轻人能了解真实的中国。

为此，她与同事们积极开办了C-blue项目，帮助共建"一带一路"的国家的青年来到中国学习，不仅能够学习专业的港口运营知识，还能认识中国、感受中国文化。

在这个项目中，菲娅起到了至关重要的作用。很多人是第一次来中国，菲娅总会分享她17岁时来中国的故事，为何从那时起就一直留在中国学习、工作、生活。显然，过来人的现身说法很有效，各班次的学员都很喜欢她，都爱称她为"班妈"。菲娅很乐意这样称呼她，她觉得这是对她的认可。

经过多年多次的开班，现在菲娅的学生们遍及全球。2020年新冠疫情暴发，C-blue项目的执行困难重重，最后他们选择在线上开班。菲娅为此深感遗憾："虽然我们也能通过线上课程分享所有的内容，但是他们若是能够亲自来体验一下书法、品尝一下美食，能让他们真实感受中国该多好呀。"

菲娅对中国的喜欢，是真的溢于言表的。从标准的普通话到自己执行推广中国经验的项目，都能够深刻感受到她的全情投入。

不仅如此，菲娅还前往西部支教，她喜欢那一张张朴素的笑脸。因为她来自海边的国家、来自与海相关的公司，她也知道山里的孩子们没见过大海，所以，她给孩子们上课时，分享的就是大海。她知道好多小朋友的梦想都是希望有一天看一看大海，她与孩子们定下"赴海之约"。

菲娅眉宇间攒了一丝淡淡的哀愁："我有点难过，想着他们还没走出过家乡，希望他们能在长大以后走出家乡，去见大海。"

大海于菲娅，是寻常之景。她从面临红海的吉布提来到遥远的中国，再来到与海相伴的招商局港口工作——她很幸运，在大海的海岸线工作、生活，蔚蓝的海水，鱼腥味的海风，总能慰藉她对祖国的相思之苦。

光阴似箭，日月如梭，菲娅在深圳工作了九年，来中国已经十六

| 菲娅和她支教的孩子们

| 菲娅（左）与同事

年。菲娅会在工作闲暇之余，端杯咖啡走向公司顶层的天台，瞭望大海独处片刻。公司位于深圳蛇口，一眼望去能看见整个海湾和公司旗下的港口，海风吹过，这和故乡吉布提海岸线像极了。

海上丝绸之路为远方的家与蛇口的家之间建起了"桥梁"，穿越大海遥看远方的家总有家的味道；而想要看看在蛇口的家，菲娅站在办公室的窗前就能看到。

2020 年的疫情之下，菲娅和相恋多年的广东小伙走进婚姻殿堂，成为一名"中国媳妇儿"。从此，她在中国便有了自己的小家。她盼望着疫情缓解后补办一个"一带一路"婚礼，能邀请她在 C-blue 项目的学员们、朋友们来见证她的幸福时刻。

菲娅展示着她的结婚照、家庭照片，眉宇间有掩饰不住的喜悦，她悄悄说到，我很喜欢蛇口的小家，既温馨又有归宿感，没有远在他乡的漂泊感，这里会是我生活一辈子的第二故乡。

| 菲娅的结婚照

菲娅一家的幸福生活，离不开蛇口飞速的发展。从前，这里是碧波荡漾的大海，建起了码头，开设了港口，慢慢就发展成为城市。

作为改革开放最前沿的蛇口，其发展速度曾经震惊了世界，我们永远忘不了那句催人振奋的口号，"时间就是金钱，效率就是生命"。40多年前，我们用这句口号来激励自己发展，当下，我们延续着它的精神，在发展自己的同时，还要帮助别人发展。

建设吉布提新港招商局港口用了 24 个月，建设吉布提自贸区也只用了 2 年，在非洲创造了"深圳速度"，也为世界提供着"中国经验"——中国样本的"蛇口模式"。

海洋与陆地，原本距离遥远。当海面建起港口，海上就建起通航的海路，抵达陆地，保持商贸交易的畅通无阻。时代变迁，中国蛇口与吉布提建立的海洋之路，带来了两地的经济繁荣，也迎来中外结合的无数个小家庭，这应该是当代"海上丝绸之路"的另一种收获吧。

一菲手记：

海的颜色是蓝色，菲娅的思念应该也是蓝色，菲娅灵动的双眼总会在我的脑海中扑闪扑闪的，她言语中对中国的喜爱，对家乡吉布提发展的信心，那份真诚着实令人感动。

有"东非蛇口"之称的吉布提，是"一带一路"的重要节点，未来的中国还会与之有更多、更深入、更紧密的合作。而在海边长大的菲娅来到异国他乡既能在海边城市工作生活，还能为自己的祖国、家乡服务，如果这是一种缘分的话，这缘分应该叫作命运。

未来，像菲娅这样来中国定居、工作、生活的外国人会愈来愈多，随着东西方文化、习俗的交融与尊重，应该有更多的"菲娅们"会选择中国，他乡即故乡。

轻舟已过万重山

走出国门　一举夺魁

2019年盛夏，美国哈特福德市的康涅狄格河上，正上演龙舟竞渡的"速度与激情"。两岸人山人海，数面小红旗迎风飞扬，渲染成一片流动的红海。

哈特福德是美国东北部的城市，这座城市依康涅狄格河而建，是世界保险业的大本营，也被马克吐温称为美国最美丽的城市之一。中国龙舟队跨越15000多公里，在这里参加全美排名前十的滨江龙舟赛。这项比赛已举办了20届，是全美国规模最大、规格最高、参与人数和队伍最多的一项龙舟赛

沙田龙舟队合影

华人华侨为中国龙舟队助威

美国康涅狄格河

事。这一年的参赛队伍中不乏来自美国、加拿大等世界高水平队伍。

中国赴美队伍中，有一个人比较特殊，那便是寻访嘉宾曹景行老师（2022年逝世）。曹老师在黄浦江边长大，不惑之年踏着水路去了香江，泛舟水上有他无尽的情结。那一年，接到节目组的邀请后，他放下了手中所有工作，跟随龙舟队员来到了康涅狄格河畔。

彼时，70岁高龄的曹老师顶着烈日，陪伴中国龙舟队赛前训练，为他们加油助威。

在第一轮和第二轮比赛中，中国龙舟队队员劈波斩浪，奋勇向前，以第一名的成绩顺利进入决赛，所有人都铆足了劲，擂响了最后的战鼓。

在等待中，曹老师从大洋彼岸给我们传来了振奋人心的消息：中国龙舟队以1分49秒40的成绩，

曹景行（右）和龙舟队员做赛前准备工作

沙田龙舟队训练中

轻舟已过万重山　055

勇夺俱乐部组别 500 米冠军！并一举打破哈特福德市承办该项目 20 届以来的竞赛纪录。

眼前这群划手，在水面上叱咤风云，其实，很多人不知道的是，脱下这身运动服，他们是最平凡不过的广东村民，其中，有果农、有全职妈妈、有赋闲在家带孩子的爷爷，在此之前，他们听说要出国比赛，争相报名参加，最终在数百名村民中过关斩将，拿到参赛资格。来美之前，他们已经进行了整整 4 个月的训练，每天握桨 8 小时以上，每个人手上都磨出了水泡和厚厚的老茧。

| 沙田龙舟队训练中

他们来自中国首个龙舟之乡——东莞沙田，这也是东莞沙田继 1999 年参加英国诺丁汉市第三届世界龙舟锦标赛，时隔 20 年后再一次在国际赛场夺得冠军。

舟楫为家　枕水而居

沙田镇位于东莞市西南部，跻身东江南支流，是全国首个"龙舟之乡"。这里常年雨水充沛、莞草肥美，距林则徐虎门销烟的遗址，仅有十几公里的路程。

东莞毗邻广州，扼守

| 东莞沙田风貌

珠江出海口，这样的地理区位优势让它成为海上丝绸之路航道上的重要节点城市，在保障海上丝绸之路畅通、促进商贸往来方面发挥着重要作用。唐宋元时期，东莞是岭南沟通海洋的门户；明正统以后，东莞南部地区成为东南沿海最重要的贸易区域，被外商称为"贸易岛"。

独特的水文环境养育了特殊的族群：疍家人。

疍家人指的是居住在水上的族群，主要分布在福建、两广一带。顾炎武的《天下郡国利病书》有记载："疍户者以舟楫为家，捕鱼为业，或编篷溺水而居。"

在东莞沙田，我们见到了疍家后人、当地民俗文化学者郭树容。

烈日炎炎，摊在簸箕里晾晒的桂圆甜味随风飘来，波光粼粼的河面上搁浅着一艘残旧老船，对岸立着一丛翠绿的芭蕉林，背景是鳞次栉比的高楼大厦。流水蝉鸣的渔家风貌与车水马龙的工业化城市交织共存。

| 沙田民俗文化学者郭树容

"我刚从船上下来呢。"面庞黧黑的郭树容，挥舞着瘦长的手臂，指向那艘旧船。

"他是闲不住的人，不是在画画就是在修船。"郭树容的老伴端来一碗乌黑的凉茶，笑着说道。

"疍家人是劳作吃苦惯了。"

72岁的郭树容，精神矍铄，一头花白覆额的中长发，丝毫没有人生七十古来稀的垂老之态。他还是中国画院签约画家、摄影师。

郭树容的家在沙田围口村，家门口就是日常赛龙舟前训练的淡水河。他太熟悉这条陪伴他长大的河流了。儿时，和村里的小伙伴游水嬉戏、抓鱼捉虾；成年后，在河面比赛划龙舟；老了，就逗留在船上修修补补。生于斯，长于斯，老于斯。

摄制组到访时，他的百米长卷还在创作中，这幅画描绘出疍家人在沙田艰苦奋斗发展的历程，虽不能与张择端的《清明上河图》刻画的市井万象长卷相媲美，不过，他笔下的水乡人民，另有一番昂扬向上的精神面貌。

"我们沙田本地99%都是疍家人。"

回顾沙田疍家人的奋斗史，其实就是一部筑围造田的辛酸史。郭树容告诉我们，清朝以前，沙田还是一片汪洋，疍家人漂泊在水上，他们白日里哼着咸水歌打捞鱼虾，夜晚听着浪涛声入眠，没有部落，没有田地，他们唯一的财产就是船，生死皆系于舟海之上。正如诗中所描绘的那样："月黑见渔灯，孤光一点萤。"

| 笔者在东莞沙田

"疍家人找不到祖宗，与西北的游牧民族不同，我们是沿岸边漂泊，东岸在大岭山，西岸在广州，沿中间漂泊，在岸边生活。我们以前被人嘲笑成不了大鱼大虾，只会成为蝼蚁。穷得厉害，穿不好，不能读书，没有文化。做不了大事，赚不了大钱，只有靠勤奋吃苦。所以以前的疍家人很自卑，但是为人正直，很豪爽，讲义气。"

郭树容边走边给我们讲述疍家历史，他总是风风火火，五层楼高的自建房，花不了几分钟。画室设在顶楼，宽敞的空间里，桌面铺开《水上人的历史人类学研究》，靠墙而立的旧书柜摆满各式书籍。墙上挂了巨型的画作，是几个男人低头吃力拉纤的场景，这是他的百米长卷《沨浪坦》的局部。我想到了世界名画《伏尔加河上的纤夫》，不同的是，《伏尔加河上的纤夫》反映了纤夫的苦难生活，沉闷压抑。而郭树容笔下的疍家人总是攒着一股劲。漂泊伶仃的生活造就了他们顽强拼搏、奋勇争先的生活态度，就像本地的莞草一样，独具韧性。

作为疍家后人，60岁那年，郭树容萌生了一个念头，要将疍家人的奋斗史画出来，留给后人看。120米的长卷，涉及近3000个人物形象，时间跨度从清朝到新中国成立初期。这一画，就是12年，至今还在创作中。他的部分作品被选进疍家民俗国画展，陈列在沙田文化艺术中心的二层展厅。

六尺长的《渡塘》描绘的是金秋十月稻熟鱼肥的丰收季节，各围口的农人集体排放完围田的水，捕捞鱼虾的盛景。四尺长的《上岸》里有一位扎头巾的妇女怀抱孩子，赤脚走在独木桥上。沙田围口人，大部分搭草棚茅寮，住在河涌边、坦洲处，一条独木桥就是他们出门归家的路径。《闲时》是男人们在修补渔网，为出海做准备。《做年饼》勾勒出过新年前，家家户户都要做炒米饼、糖环、煎炸堆，邻里和睦的喜气洋洋……一幅幅画作勾勒出疍家人波澜壮阔的生活图景。

那天拍摄结束后，郭树容穿起迷彩服，戴着草帽，又回到了河边的

| 郭树容创作的百米长卷（部分）

船上。镜头前,平静的水面泛出珍珠般的光泽,映射在黝黑的肌肤上,"这里的河流原本长满了莞草,是沙田疍家人在此筑围造田,在岸边搭建寮房,他们逢山开山,过河游河,永不言败的奋斗精神,才拼出了现在的美好生活"。

夕阳下,潮平两岸阔,一叶轻舟漂浮,白发老翁静坐,他一丝不苟拿着画笔,俨然不知自己也成了画中人。

奋力争先　一脉相承

在美国勇夺冠军的正是疍家后人。

疍家人水性好,100多年前林则徐虎门销烟招募疍民为水兵,最早附近村镇龙舟队都请他们去划船。

梁金水是沙田龙舟队中年龄最大的队员,在过去20年,他带领的民间龙舟队,累计超过10次在国际赛场夺得冠军。出国征战前,摄制组来到训练场,恰巧碰上他在训斥一位年轻的女队员。外人不知道,这是他的女儿梁桂兰。

"老爸当教练,女儿不参加,说不过去。"皮肤晒得黝黑的梁教练笑着说。父女关系没有给她带来特殊照顾,父亲反而对她要求更高。梁桂兰说:"他(父亲)平常不怎么说话,但动作不标准,他还是会说的,

挺严厉的。"

"我是看着龙舟赛长大的，见到划龙舟就会很兴奋。17岁第一次上龙舟当划手，很辛苦很累，不会抓桨，手会起泡，位置坐偏了，屁股会脱皮。最艰难是第一周，浑身都很痛，骨头肌肉都像散架了似的，晚上疼得睡不着觉。父亲告诉我，只要能坚持一周的魔鬼训练，就能挺得过去。"梁桂兰说完露出腼腆的笑容，时不时把手搭在肩膀上按揉。"划手全靠吃苦磨炼出来的力气！"梁桂兰神情骄傲地展示她壮实的双臂。

再次见到梁桂兰已经是2021年冬天，比起赛前训练的体态，她明显瘦了许多。"我喜欢划龙舟，赛前体重160斤，龙舟训练后，整整减掉20斤！"梁桂兰的眼里闪烁着兴奋的光，她是真的热爱划龙舟。

和梁桂兰一起来的还有鼓手何广群。T恤衫、休闲短裤、运动鞋，远远看着，像是刚毕业的高中生。如果不是之前认识，完全不会将娇小斯文的她与鼓手联系在一起。

何广群出生于1990年，是沙田龙舟队的灵魂人物——鼓手。剪掉长发的她，英姿飒爽，她一擂鼓，两岸顿时响起此起彼伏的尖叫声与喝彩声。

28岁那年，热爱运动的何广群抱着试试的心态报名参加业余龙舟队。第一次登上村里的龙舟，跟着一群男子划木桨，非常吃力。

沙田的女子龙舟队成员见到瘦小的何广群上船，最初都不看好她，划龙舟需要超常的体力、耐力，她这银柳般身段的小姑娘，吃不下这份苦头。何广群不是轻易认输的人，她暗暗较着劲。

| 鼓手何广群和女儿

"刚开始，我不太会拿鼓

棒，很难进入鼓手的状态，有队友质疑我的能力。我不怕吃苦，就怕难以服众，别人说我不行，我就偏偏要证明自己行，直到双手的拇指都打出血泡。"再后来，她多次出现在镜头里，被媒体争相报道。

沙田龙舟队夺冠的那一刻，没有人注意到，船上的何广群流下了眼泪。

在沙田，有无数个像何广群、梁桂兰这样的女性参与划龙舟，激烈的竞技场外，她们都是普通的家庭主妇，在无数次龙舟赛的锤炼中，永不言败的拼搏、同舟共济的团结互助，深深镌刻在她们心中，又将成为火种，传给下一代疍家人。

一菲手记：

芬芳不止于大地，比如生长于咸淡水交汇处的莞草，在百年前，沿着海上丝绸之路进入东南亚与欧美各地，成为中西经济文化交流的媒介，也见证了东莞随着繁茂的对外贸易成为海上丝绸之路重要节点城市；百年后，同样受益于水乡的疍家人，带着与生俱来的韧性、拼搏精神，穿越古老的海上丝绸之路，让五星红旗在大洋彼岸迎风飘扬……此刻，我们无比期待下一次龙舟竞渡，看龙船逆水而上，锣鼓喧天，威震四方。

香茅田里的守望者

已识乾坤大,独怜草木青。

一棵香茅可以讲出一个故事。

香茅又称芸香草、柠檬草。最早,印度、泰国会把香茅磨成粉当香料食用,越南、斯里兰卡的香茅用来提炼成精油。而在柬埔寨,当地人既拿它来当调料,又在身体不适时以它来疗养身体。

这棵香草让容康萍既入眼又入心,她想扎根柬埔寨,研发香茅产品。而恰逢共建"一带一路"繁荣的时代机遇,这位来自中国的广东女孩,在柬埔寨这片湿热的国度,书写出不一样的人生。

柬埔寨无春夏秋冬,只分雨季和旱季。

一场暴雨过后,湿漉漉的空气里弥漫着杂花草木的清香。望不到尽头的香茅田正慢慢苏醒:涤净的香茅叶脉络毕现,蓬勃舒展柔嫩的枝条;树干附生的苔藓吸饱水迅速膨胀,其间隐藏着一些黄色小米花;隐秘在角落的蚁群、逡巡的飞虫悄然抵达这片寂寥之境……

容康萍躺在新鲜的香茅草垛上,她见惯了这撒泼似的暴雨,也习惯了等候雨后放晴,但有时突如其来的暴雨总会打断工人

| 香茅草垛上的容康萍

们的工作，炼油的进度。即使是司空见惯，作为创业者的艰难只有容康萍独自体会。

天总算放晴，乌云散去后，梳着齐肩短发的容康萍，倚靠栏杆，看着远处工人开始收割香茅，近处炼油师傅以木柴、慢火的传统蒸馏工艺，将精油提炼出来。

此刻，她算是稍显平静，终于能长舒一口气。谁能想到这个皮肤黝黑，鹅蛋脸，笑起时略显孩子气的小姑娘，竟是拥有3个农场，也是全柬埔寨种植香茅面积最大的农场主。

一位河南姑娘出生在广东佛山，最终选择在异国他乡创业。

容康萍是个乖乖女，从小就很听母亲的话，比如，母亲要她学英文，她就学习英文；要她学乒乓球、游泳，她一样不落下。

容康萍母亲总是对她说，你能走多远，就走多远。后来，容康萍考进了广西民族大学柬埔寨语专业，并在大三时，容康萍作为交换留学生到柬埔寨金边皇家大学留学。

后来，她父亲来柬埔寨探望她，谈及未来职业规划，父亲向她提议，既然学了柬埔寨语，不如留在此地发展农业。

她先后跟着父亲去老挝、越南、柬埔寨参观了一圈后，发现柬埔寨土地资源丰富，但80%的土地因水利差、土地贫瘠、沙土多没有被开发和利用，若在这里发展农业，最适合的就是种植当地人眼里极为寻常、柬埔寨土壤最适合种植的香茅。

既然做好了决定，就要立刻付诸行动，容康萍开始忙碌地筹备起来。她和父亲到图书馆找了大量关于如何种植、如何下肥、提炼精油的香茅种植资料和研究报告。随后回到柬埔寨，坐着公交车一遍遍走进田间地头，向有经验的种植户请教。当地农民都很诧异，难以理解，一个中国姑娘竟然跑来这里干这个又苦又累且难有收成的事儿。

容康萍和父亲跑遍了柬埔寨各地，都没能落实一块适合种香茅的土地。直到遇到出生在柬埔寨的第二代华人李明洋，在中国学习中文时认识了容康萍，为人豪爽、乐善好施的他看容康萍要扎根柬埔寨发展农业，主动以极低的价格为其提供了300亩土地，并且他很感激地说是康萍把他的荒地努力开发了出来。因此，在李明洋的大力支持下，容康萍解决了土地难题，踏实走上了种植香茅草、提炼植物精油的道路。

创业之初，容康萍和她的父亲费尽心血，研究当地的土壤、气候条件和种植技术。

有次，容康萍和父亲晚上开着小车在崎岖的山路上回农场，深更半夜，突然半路爆胎了，荒无人烟的四周黑漆漆一片，说不害怕是假话，可当容康萍见60多岁的父亲毫无畏惧时，她瞬间觉得自己二十出头的年轻人更应勇敢自强。两人在山里待了一夜，第二天才等来路过的人帮忙叫来修理师傅解决问题。

"这个行当太苦了！种植香茅的农场不通水、不通电，无人居住，信息闭塞，连当地人都不肯来农场干活。好在，最艰难的时刻都过去了，不知不觉，我和香茅的情缘已有十年了。"回首往昔，容康萍的笑容既疲惫又欣慰。

容康萍说，她最感谢的人是父亲，是他塑造了她的个性，也继承了父亲吃苦耐劳、做事脚踏实地的精神传统。前两年的时间，父亲带领容康萍考察香茅的市场，整整两年，就是不轻易出手做事，将她的急躁和功利心消磨殆尽。父亲如师父，带领着她跨进香茅产业的大门，余下的修行就在她个人了。

的确，父亲帮助她开了个好头，但是发展过程并未一蹴而就。种植香茅的第一年，因没有掌握好柬埔寨雨季的长短，使种植的香茅全毁了；第二年，丰收在即时工人失手引燃大火吞毁了农场；随后又遇上大旱，合伙人中途提出撤资。

当时合伙人冲她大吼："我看不到香茅的任何前景！"这句话彻底

伤透容康萍的心。她全身心付出的所有努力与信任，在那一瞬间轰然坍塌。但也是这句话提醒了她，激发了她潜藏的动力：既然你看不到前景，那我就尝试做出前景来。

这是她最无助的时刻，曾无数个夜晚躺在厚厚的香茅草垛上独自吞咽伤心的泪水。

她曾在微信上抒发这段心路历程："在我开始自己农场第三年的时候，你来做投资，我感谢你；在2016年柬埔寨大旱之年，农场最艰难的时候，你离开我，我也感谢你，让我见证了创业路上的风风雨雨；经历了成长路上的磕磕绊绊，无论正面还是反面，我都感谢你的鼓励，使我坚持，使我勇敢，使我有勇气把自己的事业做到底。"

现在，容康萍已不是当初一无所知的娇娇女，多年来，从开垦荒地、学习操控农机到下田耕作，她已经把自己锻炼成一个看云测天的农业技术行家。

| 开拖拉机的容康萍

第一块香茅农场，容康萍花费了五年时间才建设完成并收获第一批香茅。香茅收割后，炼油却是更具挑战的事。用最原始的方法炼油需要掌握恰到好处的火候，慢火蒸足一定时长才能提炼最佳品质的精油。向来心急的容康萍在这个环节就得完全依靠有经验的老师傅把握节奏。

有了第一块农场的锤炼，现在容康萍和工人们，已经熟练掌握了香茅草的种植、收割与炼油技术。渐渐地，容康萍可以与工人们轻松地交谈、愉快地劳作，甚至在香茅草上"翩翩起舞"，这是外人所不能体会的在不断挫败后获得成功后的享受与幸福。

上天总是眷顾努力且不屈不挠的人，一位听说过容康萍事迹的柬埔寨老华侨主动向容康萍抛出橄榄枝。作为柬埔寨最大的母婴企业，新合伙人希望助力容康萍将香茅打造成全产业链的长久品牌，与其在商业上形成优势互补。

于是，共同开发了以香茅杀菌消炎功能为主的系列日化用品，一经推出就受到柬埔寨老百姓们的青睐，很快产品就被推进了当地的大超市。而在柬埔寨的最大超市上架就意味着对产品品质的正面认可。

这对容康萍和员工们来说是一个质的飞跃，给大家带来了极大的信心，整个企业的精神面貌发生了巨大转变。

2015年，容康萍带着自己研发的香茅产品回到国内，她希望借助"一带一路"倡议东风切实将海外创业者的成果带回家乡。此后，在广东21世纪海上丝绸之路国际博览会、中国国际进口博览会等各种产品交流贸易活动上都能见到容康萍和她的香茅产品，短短几年时间，国内的合作伙伴就遍及河南、上海、广东等多个省市。

容康萍的事业蒸蒸日上，有赖于中柬两国的双边贸易日趋频繁，数年的艰苦磨砺，终于守来云开雾散。熬过昨日的艰辛，造就了今日的与众不同。如今容康萍已经坐拥三个香茅草农场，在柬埔寨的商超上架率高达85%，国内市场也在不断开拓。云南、广西等北回归线上温度在5摄氏度以上的区域都能种植香茅，因此容康萍未来的目标是在中国做香茅种植基地，还要继续全方位开发香茅的相关产品，让公司、农场能良性运转，让更多客户认知并接受香茅产品。

"我们所做的一切就是忍受痛苦的煎熬，并且告诉自己这非常值得。"容康萍说，她愿意一生守望原野上繁茂生长的香茅田。

一菲手记：

《麦田的守望者》中的一段话："在苦苦挣扎中，如果有人向你投以理解的目光，你会感到一种生命的暖意，或许仅有短暂的一瞥，就足以使我感奋不已。"

在我们的眼中，容康萍就是这样的守望者，她心中守望的是一片香茅田。每当她陷入被人拒绝，不被人认可的情绪低潮时，她都会以2014年第一桶香茅精油提炼出油的盛况，勉励自己继续前行。

想想吧，那份苦苦等待多年的惊喜，那些日夜为之受苦受累的奔波，那些无数个不眠之夜的煎熬……终于百炼成芳，与人生、与命运抗争，再达成和解的过程殊途同归。

我们愿意投以永续的目光，守望这位在香茅田里自由奔跑的女子。

丹心碧血

女诗人舒婷形容木棉花，如同一声硕大的叹息。那是对自然的感叹，也是对生命的惋惜。

就有这么一群人，他们用自己生命里最美好的时光，托起所有生命的藤蔓，为人类的健康付出自己的心血。

在广东珠海董凡的公司一楼大厅，一件色泽如木棉花殷红的火焰雕塑，夺人眼球。燃烧的火焰，奋力向上空蔓延，是"星星之火，可以燎原"的蓬勃态势。

这是一家为生命输送能量的企业。创业初期，董凡就立下以实业报国的雄伟抱负，希望能够创造出令人骄傲的民族品牌。

曾几何时，"国产替代"曾是一个贬义词。国内各大医院 70% 的高端医疗器械都是进口产品。在医疗器械、生物医药行业，中国早期都以跟随者身份向西方学习、仿制。

仿制，不仅风险最小，还有既定的市场需求；创新，不但风险很大，还需要自己开拓市场，同时技术研发出来不一定能成功、成熟上市。

可是董凡的想法是创造出让中国人都用得起的

| 采访董凡（右）

国产替代品。他认为中国原创先天不足，所以科技是前提，创新则要在科技上做。

于是，董凡和以俞耀庭先生为代表的南开大学专家团队合作自主研发，他们不仅开发产品技术、生产相关的技术，还设计了自己的生产线，立志要打造出全球血液灌流技术最强大的平台。

立下了宏愿就意味着有人将冒着风险去开拓与创新。董凡说，要在西医领域创造出中国的技术成果，这必须要破釜沉舟，抱着置之死地而后生的决心。

透析疗法主要针对由若干种毒素引发的疾病、重症肝病、药物和手术解决不了的病症，在2002年，专家团队成功创新性地研发出树脂血液灌流器来替代透析疗法，这是一种安全性更高、吸附效果更好、疗效显著的高性能医用吸附树脂，并解决了创制血液净化医用吸附树脂的载体设备、配基选择、键联方式等3个核心问题，一举夺得国家科技进步奖，更是打破了国外厂家垄断血液净化市场的尴尬局面。

这是一种全新的血液净化医疗技术和设备。虽然不会与做血液透析的国内外厂家形成竞争关系，不抢夺任何一家的市场份额，但要让市场接受它还有很长的路要走。

经过一段艰难的努力，产品上市后，得到各方的认可接纳及他们的技术支持和帮助。

不压制别人来抬高自己，追求极致，做最优秀的自己，是董凡遵循的创业之道。

创新产品研发上市后，推广又是一道大难关。董凡亲自当起了业务员，他曾亲自前往北京一家大医院推荐产品，对方要求出示在权威医学期刊上发表的研究论文，结果别人只瞄了一眼，就将其扔在地上还说"算什么论文！"董凡只好捡起地上的论文，再假装若无其事地掸掉灰尘，重新装好公文包，接着去敲开下一家医院的大门。

"三思方举步，百折不回头"被董凡写进企业精神的座右铭。

那些不堪回首的推销往事，董凡洒脱地挥挥手，笑声爽朗："不能怪人家拒绝，事关病人生死，医生们用新药、新产品都会非常非常谨慎。"这份大气是由无数次被拒绝铸就的品格。

董凡喜欢下围棋，下棋的人，谁不希望赢呢？"爱下棋的人应该都有一颗做事想要成功的好胜心、上进心，我也如是。如何取得成功，就有不同的道路。"董凡就是如此坚定自己走下去的信心。

在董凡与同事们的努力下，经过不断推荐和屡次挫败后，国内有5800家二级以上的医院都在用董凡所在公司的产品。

上市后不久，国内陆续有四到五家企业开始仿制董凡所在公司的产品，到医院抢夺客户，挑战他们的市场占有率。面对竞争对手，公司以原创的核心技术、更高的技术标准、更好的治疗疗效赢得胜利。这几年来健帆的市场份额不但没有缩小，反而提升到了85%。

在国内市场，公司快速地成为行业龙头企业，董凡又开始寻思着全新的道路。这是通过数年才精心培育出的科技种子，希望它能长大变强，将中国人原研原创的树脂血液灌流技术推广应用到世界的每一个角落，造福更多的人。所以，健帆树脂血液灌流器走出国门的路子开始了。

高品质的中国制造以前总给人多模仿、少创新的印象，董凡找准树脂血液灌流器能走出国门的唯一路径，那就是产品针对治疗的有效性！

公司的海外市场是董凡和团队一个国家一个国家啃下来的，一项全新的医疗技术要被认可是个漫长的过程，何况健帆作为全球的创新者，没人相信这项技术是安全的、有效的，起初销售遭遇瓶颈，没人愿意尝试这个新生事物。

公司海外市场开拓项目负责人刘玉洁带着最新的产品来到了菲律

宾。这个产品的推广难度系数要远远大于一般的普通产品。她在菲律宾前前后后洽谈了十几个合作商，没有一个可以理解这项全新技术，特别是什么是"灌流"，了解不多。

反复奔走，就在公司团队几乎要放弃菲律宾市场、打道回府的时候，终于在 2018 年 7 月 14 日，迎来一次难得机会。

| 菲律宾一角

刘玉洁突然收到一个信息，菲律宾当地有着"肾病之父"美誉的医生凯文想见他们一面，敏锐的刘玉洁预感机会来了。

医生凯文曾听另一个医生提起过中国企业有血液灌流这样一个全新的技术，也曾听到过董凡所在公司的品牌名字，这眼下遇到特殊病人，希望能够使用董凡所在公司的血液灌流器尝试治疗。刘玉洁二话没说，答应下来，这无疑是个千载难逢的好机会，也是在海外证明健帆实力的时刻。

在菲律宾马尼拉市的菲律宾国家肾脏移植研究所医院，食物中毒的皮特尔·阿留申被紧急送到医院，胸外心脏按压、呼吸机辅助呼吸、心电监护和医生的努力，维系着他垂危的生命。在征得刘玉洁同意后，医生用紧急调配来的血液灌流器为其净化，经过与生命的抗争，与死神的抢夺，持续数十分钟的急救之后，患者终于恢复了心跳，开始了自主的呼吸。

这个病人在使用了该项技术和设备后，得以康复。健帆，这项中国原创技术和设备迅速在菲律宾打开市场，通过健帆也改变了菲律宾医生对于中国医疗产品的态度。

菲律宾国家肾脏移植研究所血透室主任洛米娜·丹归兰就曾表示："没想到重症病人血液内的毒素，可以通过健帆的树脂血液灌流器清除干净。"

公司的树脂血液灌流技术被医生们在行业里口口相传，专业医生成为健帆品牌最好的推销员。进入欧洲市场后，仅用了两年时间，德国和意大利等国家30多家医院都用上了健帆的产品。

2018年5月，在哥本哈根召开的全球最高级别的欧洲肾脏病年会上，健帆组织了30多个国家、200多名海外专家举办吸附专题研讨，来自德国和意大利的多个知名大学教授竖起拇指称赞健帆，中国创造、中国技术了不起。

随着产品走向国际，健帆引起一些跨国公司的关注和警惕，开始从技术上和产品竞争上打压健帆产品。长期垄断老技术的一些国际公司直接要求医院不采用健帆的技术和设备，面对这样毫无市场竞争原则的手段，董凡显得淡定且自信。

公司的本心是优化自己，既然是原创技术，就希望能总是走在行业前面，优于对手半步、一步。这是健帆作为创新型企业的格局，显然也是董

| 菲律宾医生正在使用健帆树脂血液灌流器为病人治病

| 健帆科技海外市场人员与菲律宾医生团队

凡深知行业具有巨大挑战和竞争是常态的格局。

原本日本、德国使用的是"离子透析"技术，只能进行血浆透析，并且只适用于少有的几种疾病，而且治疗费用高昂，而中国产的树脂血液灌流技术不仅可以进行全血透析，治疗费用也降低了不少。因此，公司的产品得到海外医院及医生们更多的青睐。

董凡的办公室挂有一幅淡墨勾勒的墨竹，书有"风动竹影"四个楷体的条幅，在炎热的南国，营造出习习清风拂面的凉意。所有的挑战似乎在董凡面前都能迎刃而解。

白驹过隙，弹指一挥间，从这第一支树脂血液灌流器上市，历时近30年的辛勤耕耘与隐忍奋发，董凡的公司当仁不让成为中国血液净化领域的领军企业；放眼全球，他们的树脂血液灌流器已进入共建"一带一路"的30多个国家，成为生物领域内中国原创科技走向世界的典范。

再回首当年下海来到珠海，岁数已到知天命的董凡，语气变得如此坚定："我是这一批人才南下建设特区的缩影。作为民营企业家的一个代表，我站上去，是为像我这样千百万个出来打工、出来创业的特区建设者们，也为我们健帆人站上去。这不是我一个人的荣誉，而是我这一类人，我们这一群人的荣誉！一切皆有可能，不管是草根创业，还是书生报国。我们是应运而生的时代宠儿！"

天行健，君子以自强不息；地势坤，君子以厚德载物。

生逢其时，开盘布局，有意瞄准，无意击发。

一直被模仿，从未被超越。董凡和他的团队，正蓄势待发，准备迎接新的挑战。

一菲手记：

"运用之妙，存乎一心。"

没人知道董帆在树脂血液灌流技术研发当中付出了多少心血，市场是最好的答案。

他运用围棋中和之道的古老智慧，以中国原研、原创的创新产品为共建"一带一路"的国家提供先进的中国医疗技术和互助共赢的医疗理念，还以民营企业的担当铸就民族品牌崛起。

这一切仅仅是开始，每一件产品都打上了"中国制造"的印记，带着董帆滚烫的目光走出国门，走向世界。

第二篇
美人之美

　　诗人里尔克这样写道：一朵玫瑰，就是所有的玫瑰。

　　总有那么一群人，我们甚至叫不出他们的名字，记不清他们的身世与来历，但是没人会忘记他们留给这个世界的那份爱。

　　这个世界有战争，就有和平。在人类漫长的历史进程中，总是不缺少爱与温暖。

　　物质的世界总有匮乏的时候，而且物质就其表象而言总是越分越少，但是爱与温暖却总是越分越多，因为我们知道爱与温暖就如同阳光一样可以被传递。

　　他们有的携微光进入非洲大陆幽暗的乡村；他们有的远赴他乡却不忘故土；他们有的执草木之本香熏世界；他们有的用自己的双手编织与全世界共享的梦。

泰北往事

泰北清莱府，夏日的瓢泼暴雨冲刷着沿河一丛丛青翠欲滴的芭蕉树，街道空无一人，人都躲在简陋的蓝色塑料棚内避雨。临街的杂货铺，传来中国台湾歌手齐豫哼唱的《橄榄树》：不要问我从哪里来，我的故乡在远方，为什么流浪，流浪远方，流浪……

乌云散去，太阳的金光穿透朵朵白云，天放晴了。清莱府通向缅甸的河流上，一叶扁舟迅疾如飞，靠岸停泊，走下来一位眉眼如画的年轻女子——她是少女时期的林明兰。

少年时，林明兰每天早上都要乘船偷渡到对岸的缅甸华文学校学习中文。放学后，课本、作业本都留在缅甸的教室，再偷着坐船回家。

船来船往，求学的记忆填满了河面。

| 笔者采访泰国华裔侨领林明兰（左）

中国和泰国还未建交时，清莱府不允许开办华文学校。从海南岛文昌来泰国北部的清莱府谋求发展的林明兰父母，在内心深处始终想着泰国不会是久留之地，终有一日要回到家乡，叶落归根。于是，他们鼓励林明兰去学习中文。

距清迈只有180公里的清莱是泰国最北部的府城，这座建于13世纪的古老城市是泰北的重要旅游地，由于它水陆相连的特殊地理环境，也使其成为贸易重地，沿泰、缅、老挝边境400多公里，散落着约108个华人村，居住着近20万华人。虽然语言不通，但这里聚集了大量背井离乡的中国人，林明兰父母便以开杂货铺营生。

林明兰念完初中，她就在父母开的杂货铺做事，因为有华文的基础，所以事业做得很好。在她31岁时，生下大女儿，接着又生下3个孩子。在大女儿刚满17岁时，她的先生离世，剩下她独自一人抚育4个孩子。

林明兰心里清楚，自己虽是泰国华侨二代，但她的根在海南岛，她是中国人。她鼓励孩子们都学中文，还建议他们都去北京求学，回到中国去。出生在泰国、成长于泰北的儿女们很难理解她的想法，即使要出国留学理应去经济发达的美国、英国。虽然两代人的意见并不相同，但是在林明兰"可以先去中国待两年看看"和"去美国就自费去"的软硬兼施政策下，她的孩子们来到中国北京，入学北京语言大学读书。

刚开始，儿子一时难以适应，从四季炎热的泰北到干燥寒冷的北京；从早晚都要洗澡到出门瑟瑟发抖。远在泰国的林明兰总是鼓励他坚持下去，在母爱的支持下，气候、饮食、习俗的反差逐渐都被克服了。两年学习结束，孩子们打下了牢固的中文基础，而她也遵守承诺把一个孩子送去英国，另一个送到美国进一步深造。

林明兰除了是位用心良苦的慈母之外，她还是泰国海南会馆理事长。泰国海南会馆是泰国颇具影响力的社团之一，会馆积极弘扬中华传统文化，架

| 中文课堂里的泰国学生

起了中泰的友好桥梁，为促进两国经贸往来和文化交流发挥了很大的作用。

为了更好地在泰北地区推广华文教育，让更多华人能够有机会学习中文，林明兰在会馆开设了教华人后裔学习中文的周末公益课程。随着中国国际地位的日益提高，驻泰国的中资企业越来越多，中文成为方便就业的语言。因此，不少当地泰国人也把自己的孩子送来学习中文。

后来，考虑到年岁较大的华侨们难以接受枯燥的教材，林明兰便买来音响，组成"歌友坊"在会馆教唱中文歌。泰国清迈海南会馆就形成了"白天教中文，晚上教中文歌"的中文学习形式，这老少咸宜的创新方式颇受人们的喜欢。

原以为林明兰对于华文教育的推动到此为止，但是她发现泰北山区有更多的孩子需要华文教育，有更多的华文学校需要得到支持。

在泰北山区，华人村的中心地段都有一座最高建筑，那一定是该村的学校。而且每个村庄无论大小都有两所学校，一所是根据泰国政府要求设立的泰文学校，一所是村庄为自己设立的华文学校。

| 中国驻清迈总领事馆捐赠的桌椅　　| 华文学校里的学生

但是泰北的华文学校建造背后却是问题丛生，资金、师资的大量短缺。泰北的一百多家华文学校，很分散，有的甚至建在缅甸的边境，一个临时搭建的窝棚就是一所学校；有的学生是高低年级混合上课，根本无法完整教学；有的学校就派一个当年的老兵上课，薪资低、教学水平

落后。大多数学校陷入困境，开办不下去。

林明兰认为不能完全依赖于别人的帮助，于是她和华商们商议成立了泰国泰北中华教育基金会，专门传播中华文化和支持华文教育的基金会，而她被推举成为副主席，负责华文教育的募捐和华文学校的扶持工作。

她跑遍泰国，从曼谷到清迈，寻访相熟的企业家帮助、支持、捐助，终于通过努力募捐到5000多万泰铢。而后她带领基金会成员走遍了泰北山区的华文学校进行实地考察，合理分配基金会的钱款。

在工作开展中，并非所有事情都一帆风顺。一所建设尚未完成，停工已久的学校就成为林明兰和基金会的大难题。

这所华文学校是村里集资，自己买材料盖的楼房，已初步修盖成一座两层小楼，但是整栋楼连窗户都没有，并且因为资金短缺，施工队早就停工下来。村里的人们都指望着这所学校能让孩子们有机会学中文，但眼下不知道何时能凑足钱，也不知学校什么时候才能盖好，学中文的愿望遥遥无期。

林明兰走访发现了这个学校的问题，她和基金会成员们立马核算建好这所学校所需要花费的成本，共计约300万泰铢，也就是60万元人民币。林明兰考虑到不能直接动用基金会的资金，一下子直接拿出300万（泰铢）捐助，对别的学校不公平，因此资金从哪儿来，成为她的难题。

正当她一筹莫展时，基金会的理事们知晓此事，纷纷主动承担，由马会长出资100万泰铢，另一位副会长出资50万泰铢，林明兰出资20万泰铢，就这样一点一点凑够300万泰铢，建好了这所停工许久的华文学校。

对此善举，林明兰只说："学好中文对我们泰国华侨二代、三代有非常大的帮助，并且这是我们自己的根，要牢牢握住。"因此，即使自己年纪大了，林明兰仍坚持为华文教育奔走，希望在泰北站稳脚跟的同胞们，能有力出力，有钱出钱，帮助同胞们、回馈给社会。

现在的泰国，很多工作都需要懂中文的人，尤其是旅行社，急需会中泰双语的导游，会中文的导游往往月收入会高一些，能有 3 万到 4 万泰铢。所以，现在早已不仅是华人华侨才学中文，泰国青年也主动来学习中文。

这是林明兰所期待的华文盛景，但她并未就此停下脚步。

在她的带领下，泰国泰北中华教育基金会对华文学校的支持远不止于此。基金会根据孩子们的实际需求，提出了更具体的帮扶计划。山区的孩子多出自人口多、兄弟姐妹多的贫困家庭，有些孩子连双像样的鞋子都穿不上。因此，来自福建省爱心鞋厂老板见到孩子们的窘迫现状，便向基金会提出根据泰北华文学校的学生人数、所穿鞋子的尺码，给每位孩子都捐助了一双鞋子。

泰北华文学校的学生

在她的带领下，基金会愈发壮大，越来越多的侨胞、商会加入进来支持、助力中文的传承和中华文化在泰国的交流发展。

从自己学中文到培养自己的子女学中文，再到推动泰国的华文教育事业，一晃林明兰就已经走进耄耋之年。她的一生都在致力于华文教育事业，这份坚持是源于她心中的根，对家乡海南的思念、对祖国的热爱。

解放前，尚还年轻的林明兰曾陪父母回过一趟中国。先去香港，辗转广州，然后等着亲戚接上回了海南岛。那时的亲人们尚不富裕，她便订购了脚踏车、缝纫机运送给海南的老家人。

直到 2018 年，杖朝之年的林明兰才带着儿女再次回到家乡。然而故乡的发展巨变，令她既意外又惊喜。"祖国强大了，亲人们的日子过得好了，我也就心安了。"林明兰面露自豪的喜色，既感怀又欣慰。

听着《橄榄树》成长的林明兰，早就拂去年少时为赋新词强说愁的天真；晚年在海南会馆，她领唱着思念故乡的歌曲，一往情深。她的一生都在追寻"根"的所在，也用一生回答了"从何而来"的生命之问。

一菲手记：

"我是中国人。"

与林明兰女士初次见面时，她就这样说。人们都亲切地称她二姐，这位 80 多岁的二姐，亲自带我们驱车 7 个小时，深入山区参观了泰北华文学校，了解学校、学生、师资情况。

和她第二次见面是在广州，我们《丝路汇客厅》的录制现场，她期待着与故乡的亲人重逢，在节目录制的尾声，我们唱起了《我和我的祖国》，"我和我的祖国，一刻也不能分割，无论我走到哪里，都流出一首赞歌，我歌唱每一座高山，我歌唱每一条河……"

这歌声飞越高山大海，飞向泰北山区，那一所所华文学校。

让美好被听见

我们看花的时候,更想听到花开的声音。

这个世界不止被看见,更应该被倾听。

张健钢是一个科技创业者,也是一位立志让美好被听见的使者。

在深圳西部的前海湾畔,有八栋黑白建筑,简洁现代,从空中俯瞰,它们构成了中国繁体字"夢",这里就是前海深港青年梦工场。

于是,从中国香港学成归来的张健钢和许多香港年轻创业者一样,来到这里开启了他的创业梦想之旅。

张健钢,是位热爱音乐的"90后"创业者,从小就对音乐有着天生的敏感,中学就能自制不同音响产品,大学期间已展露

| 张健钢弹吉他

出对音频信号技术处理的极大天赋,在中国科技大学攻读的是音频信号处理专业。

这样的天赋一直被他自己当作是音乐从业者的技能,他从未想过用自己的技术能够帮助更多的人。然而,一件小事改变了他的人生。

长期在外求学的张健钢是由爷爷奶奶带大的,一次暑假回家看望爷

爷，他发现爷爷为何总是把电视开得很大声，和家人沟通也总是冲着对方大喊大叫。这个小细节被细心的张健钢所观察到，后来他才知道80岁爷爷的听力，已经变得非常微弱、混乱，而这也是4.66亿名听力受损人遭受的痛苦。听力障碍者的世界与我们正常人不同，他们什么声音都听不清，像雾里看花般模模糊糊蒙着一层纱，得靠看对方的嘴型来猜，百分之五十听得懂，百分之五十全靠猜。他们的世界充满不确定性的未知，自然就会缺少安全感，人一旦失去了安全感，沮丧、伤悲的情绪会如潮水般蔓延，甚至就变得很孤僻、暴躁。

于是，张健钢给爷爷买了价值2000英镑的助听器，但老人家抗拒不愿意戴，原因是杂声太多，让他心烦。这正好撞上了张健钢的专业，属于语音降噪的技术瓶颈，他突然发觉这就是需要他去攻破的难关。

一次偶然的契机，张健钢关注到香港科技大学苏孝宇教授在听力方面的前沿研究，花费近二十年时间致力于研究助听器音频处理技术，并有助听器初步的背景降噪解决方案。

在对爷爷的关心和专业好奇心的双重驱动下，他主动联系了苏教授并申请了港科大的硕士课程。张健钢很快发现自己与苏教授在很多技术观点上不谋而合，他们希望通过更多的研究，运用科技的力量来帮助听力受损的人士。

在经过无数次的试验和挫败后，经过一年半时间，他们研究出一种智能音频分离系统，通过模拟人脑在噪声环境下对感兴趣声音信号进行定向增强的能力，不仅能智能分离信号和噪音，还能有所选择地放大信号音，这可是听力受损人士的福音。张健钢也成为苏教授研究生中首位运用平衡方程式并找到解决方案的人。

张健钢出生在一个经商的浙江家庭，他天生就有创业精神。因此，在技术得到解决后，他与苏教授利用新技术在香港创办了一家名叫"音科思"的企业。

创业初期,他背着装满资料的双肩包奔波于深圳和香港,一次次的碰壁并没有泼灭他创业的热情,张健钢有个伟大梦想,希望能把优质的助听器平民化,让更多的人受益;如何让梦想变为现实,各类创业大赛,成为他扬帆起航的第一步。

通过不断的努力,音科思在 2017 年 9 月 15 日举行的前海梦工厂孵化团队融资签约仪式上,获得了公司的第一笔融资。这家由师生共同创立的公司正式入驻深圳前海,主打核心音频分离技术在助听类产品、AI 语音识别等领域的应用。

他们迅速在 2017 年推出第一代智能辅听耳机"风筝"。该耳机以智能降噪技术为独特优势,为轻中度听力受损者提供高精度听力服务。

| 张健钢试用产品

这一创新产品随后斩获多项大奖,包括"新世界集团杯"首届前海深港青年创新创业大赛初创团队组一等奖、2019 年获得"龙门创将"全球创新创业大赛中国赛区第一名、2020 年度"深澳双创周"最具潜力奖等。

"风筝"的成功也标志着张健钢梦想的实现。然而,他的路才刚刚开始。

在老年人群中,听力障碍是一个常见多发现象。近年来,随着中国老龄化人口的增加,听损人数不断攀升。张健钢和团队调查发现,现阶段中国不同程度听力损伤人士合计或达 7200 万人,但助听器的佩戴率却不足 5%,与发达国家差距甚远。除了国内民众对听力健康不够重

| 张健钢与同事

视,助听器知识的宣传不够外,最重要的一点是价格昂贵,市场乱象丛生。

恩师苏孝宇教授曾告诉他要坚守"科学向善"的信念,科学技术应该照拂人类。

张健钢很信服:"我只想用更好的技术帮助人类,在这个领域做一点点小小的突破,挑战市面上那些又贵又难用的旧有模式的老产品。助听器不要一味循规蹈矩,要人人用得起。我要打破规则,规则是个圆球,认认真真在这个球里捅出边界来,能做到这一点,我就感到很满足了。"

只有产品研发生产全链条自主可控,才能掌握定价权,这是张健钢开始创业以来最大的感受。因此,尽管技术创新解决了诸多行业痛点,但真正助力张健钢实现"高品质又便宜"的核心技术是自主芯片。

仿耳原声芯片"音科魔笛"就是在这样的背景下诞生的。它的成功研发让音科思的产品通过超高性价比打破国内市场僵局,引发业内关注。

坐在办公室里吃着快餐的张健钢,显得内敛而又轻松:"我们设计的专业辅听方案全球领先,跟芯片充分配合,使设备可以不断自我学习和优化,越用越好用。"

随着"风筝"二代新品的诞生,在功能、体验、外观上都有新的突破,售价比一代更加便宜。这意味着会有越来越多的听力受损人士能购买和享受到高品质的"风筝"产品。

张健钢一手打造了"风筝",张健钢把自己也当作了风筝。

风筝从他的手里放飞，飞到遥远的天边，也飞到了那些渴望倾听美好的人们的耳畔……

一菲手记：

那一天，他去探望许久未见的祖父，发现祖父听不见自己的声音，也不敢相信儿时给他讲过那么多故事的祖父，眼前竟然无法交流。

他叫张健钢。那一刻，他只是有一个单纯的愿望，他想让年迈的祖父听见自己的话语。

老龄化是全世界面临的严峻现实，张健钢通过"科技向善"的方式希望能帮助更多听力受损的人士享受到高品质、高性价比的听力服务，打破国外高价格产品垄断，实现国产替代。

用自己所学为家人和更多有需要的人带来生活的改善，用声音抚慰人心，用技术连接你我，用爱让一切美好被听见，想来这就是他的初心所在。

消逝的银信家书

"又该吾兄说,往江门卖柑之快乐,弟很羡慕,但在被称为'不夜城'之香港,总比不上农村生活之快乐,有天然的高山,绿悠悠的田野,可爱的村庄……"

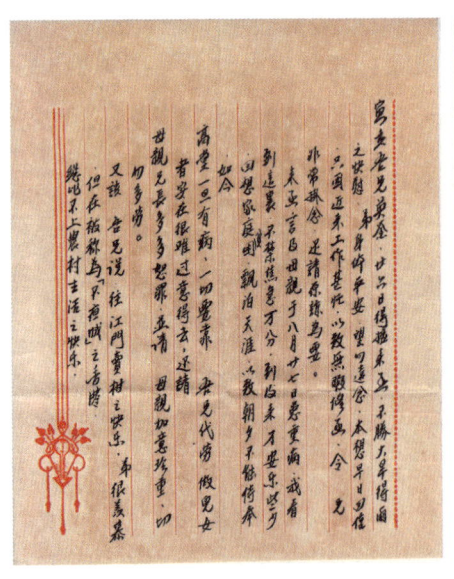

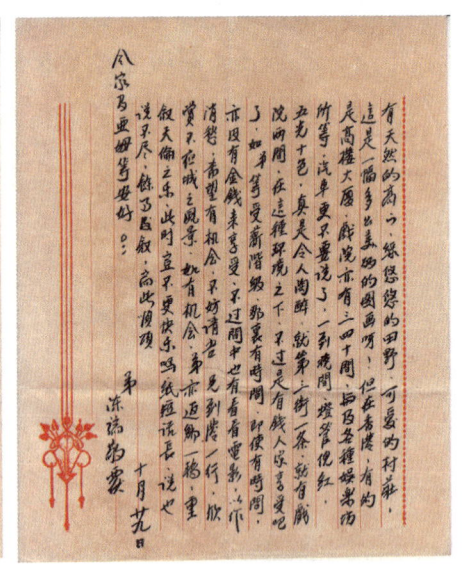

| 银信

这是一封 70 年前从香港寄往江门的银信,泛黄的信纸上,铺满了写信人对故乡的怀念与眷恋。

江门青年企业家罗达全收藏着数百封银信。罗达全的曾祖父和外曾祖父都是海外华侨,曾下南洋打工,姑婆们则远嫁印尼、马来西亚。

因为知晓祖辈们在海外拼搏冒险的苦难经历,罗达全想把这段历史留下来。日积月累，罗达全收藏了几大本银信，每一封都精心塑封保存，其中有五件被收录到世界记忆遗产的样本之中。

4年前的一个秋日，我们节目的丝路寻访嘉宾曹景行先生来到江门，在海边古老的榕树下，他听罗达全讲起了这些尘封家书背后的往事。

丝路寻访人曹景行（左）与银信收藏家罗达全

江门辖属新会、台山、开平、恩平和鹤山，俗称五邑，这里的五邑大学也是华侨同胞捐建。作为中国著名的侨乡，祖籍江门五邑的海外华侨华人和港澳台同胞有400多万人，分布在全世界100多个国家和地区。

面向南海的江门五邑，是古代海上丝绸之路的重要节点，早在唐宋时期就出现了海外交往活动，是广东最早向海外移民的地区之一。那些语言朴实，感情真挚的文字就是在那样的背景下，往来于故乡与远方。之所以称为银信，是因为随家书往往附带着寄给亲人的银票。

> 爸爸去金山，
>
> 快快要寄银，
>
> 全家靠住你，
>
> 有银好寄回。

这首民国时期流传于台山、开平一带的童谣，是侨乡家眷对大洋彼岸的家人寄银回来的期盼。成千上万的五邑人背井离乡，去往中国香港、东南亚、美洲求生存。有史料分析，在美国等美洲国家华侨的平均收入要高于南洋华侨，五邑侨乡还流传着一首民谣，"金山客，没有一千有八百；南洋伯，银袋包，大伯大伯；香港仔，香港赚钱香港使"，

│ 江门一角

体现出了那个年代美洲、南洋华侨和旅港同胞的收入差距。

然而，尽管"金山客"以高收入在侨乡中享有更加崇高的声望，事实上，我们查阅大量银信发现，他们承受着不为人知的屈辱、辛酸，才会在银信里委婉规劝家人要勤俭节约。

世界经济大萧条时期，境况窘迫的华侨更是雪上加霜。五邑美洲华侨谭裔达在写给儿子谭番沛的信中满含酸楚地嘱咐道："现下埠情冷淡，各行艰难求食，居于墨境，人多工少，占多无工栖身……又说在家家务，不可浪费金钱，在外十分艰难积贮金钱，在家须要勤俭为己。"

单薄的信纸，黯淡的字迹，透过岁月的斑驳光影，似乎能瞥见当年的谭裔达，满面愁容坐在昏黄的灯下，写出这一行行饱蘸泪水的家书的画面。他们心怀过上好日子的梦想，远赴重洋，承受着难以想象的屈辱，梦想着有衣锦还乡的那一天。

抗日战争时期，一位名叫进璞的华侨给妻子寄了"港银三百大元"的银信。他特意在信封背面用钢笔字写上"交大洋卅元邝氏二婆收，为生日买些茶点之用"的提醒，并详细罗列出人名来分配这三百港元："邝氏二婆卅元，开风三母十元，进启嫂十元，水南亚婆一百元，开焕

消逝的银信家书　　091

母五元，共洋银一百五十五元，余为家用。"

从这段文字中不难看出，进墣照顾家眷时的周全考虑。水南亚婆的份额最大，想来是曾受到其恩惠或者血缘关系更加亲近，而邝氏二婆是为贺寿的礼金，应当是他尊敬的长辈；其余三人，份额不多，看作一般交情，也要有所照顾。

名为陶伯的华侨虽处于失业状况，在春节来临之际，仍然会借钱寄银信给故乡的亲友，供亲人"度岁节"之用，而独自承受生活的重担。

陶伯在信里写道："兹付来港仄银五拾大元，到日查收，以应家用。我无工栖身将有两年，幸赖兄弟照料，免冻馁之苦，前仲廉返美对我说及唐山各人传讲：我不日回唐。但我之护照纸不妥，想返则不能，一因金钱魔力所困，二因美国各样工商冷淡，寻食为难，我现时进退两难，惟望出年再做良图而已。"

兵荒马乱，命途多舛。

20世纪初，美国、加拿大等国实施排华政策，在海外恶劣生存环境的迫使下，五邑华侨只能将传宗接代、安居乐业的愿望寄托在家

| 银信

乡。他们把买田、建房、娶亲看作在外奋斗的最高人生目标，将辛苦积蓄的血汗钱源源不断寄回江门开平。从此，在绿油油的稻田与幽幽茂林修竹间，一栋栋中西合璧的碉楼拔地而起，恍惚误入中世纪的神秘城堡。

罗达全就收藏了一张 1915 年周氏家族的碉楼契约。保存完好的碉楼契约手写在麻黄色宣纸上，一半是文字叙述建楼的缘起：是为今因乱世贼匪猖獗，堂弟侄们酌量筹款买地建楼一座，乱世是为防御，太平得以安居……每家派银三百元……立约时每人一份，修建这座四层楼的碉楼，就要一千二百元。而一半是碉楼的草图、内部房间格局与布置。

在匪乱炽盛的动荡岁月中，五邑的父老乡亲和华侨们纷纷集资在村中兴建碉楼，开平现存碉楼有 1833 幢。

一所碉楼，一道独特的风景线。既可以防卫，又可以居住。因为华侨常年在海外打拼，他们将国外的建筑文化也带回了家乡，从碉楼里依稀能看到古希腊、古罗马的文化元素。

落日熔金，一栋米黄色的六层碉楼耸立在纵横交错的稻田间，高大的木棉花开出殷红的花束，点缀着树丫的绿意，碉楼脚下是荷塘，挨挨挤挤的荷叶内露珠翻滚，高高低低的白色荷花吐露芬芳，戴着斗笠的农妇牵着一头黄牛，从荷塘的田埂晃悠悠走过，鸟雀啾啾，好一张田园牧歌画卷。

| 开平碉楼

这是自力村的 15 栋碉楼中最为豪华的铭石楼。电影《让子弹飞》中，黄四郎家的取景地就在这里。电影里的台词这样形容铭石楼："黄老爷的宅邸，竹林掩映，碉楼耸立，易守难攻，万夫莫开。"

| 铭石楼

这倒并非夸海口的话，自力村的碉楼在防匪贼、抗日寇方面，确实发挥了重要的作用。

铭石楼的窗户开得很小，窗外焊接着铁条。夜幕到来时，从下往上，碉楼的窗户像幽深的黑洞，掩藏了无尽的智慧。

高六层的铭石楼建于一个世纪前，楼主方润文早年在美国谋生，经商致富后花巨资回到家乡开平，建了这座外形壮观、内部陈设富丽的碉楼。

阡陌纵横的稻田、荷塘、翠林草地间，传统民居、碉楼建筑散落其间，铺排得当。不时有蛙声、鸟鸣飞掠耳畔，炊烟袅袅，飘来一股煲仔腊味饭的米香，世外桃源也不过尔尔。

早在 16 年前，"开平碉楼与村落"被列入"世界遗产名录"，中国由此诞生了首个华侨文化的世界遗产项目，同时，它也是国际"移民文化"的第一个世界遗产项目。到了 2013 年，"五邑银信"也被列入"世界记忆遗产名录"。

桑梓情深，血浓于水，古老五邑的每一块砖、每一片瓦、每一封信，无不诉说着久远的记忆和无法忘怀的往事。

一菲手记：

"从前的日色变得慢，车、马、邮件都慢，一生只够爱一个人。"

没有网络的年代，书信往来是最主要的通信方式，纵然隔着千山万水，海外侨亲和旅港侨胞总会想方设法，几经周折，将家书和养家费用送到故乡的亲人手中。批一封，银几许，跨越山海，辗转归乡。从19世纪中叶到20世纪70年代，银信记录了一个多世纪的社会变迁和中外文化的交流融合，具有极高的文化价值，成为中国乃至全世界的珍宝。

片片"好心"情

很少有一座城市跟一个人的名字有关。

东晋仁医潘茂名，是古代岭南医学的代表人物，也是一个被后世仙化的著名人物，粤西地区的百姓们都称他为"潘仙"，他以"济生有奇诀，救人须用心"的医者仁心，惠泽粤西百姓。

这就是茂名，一座古老好心之城。

"邑有仙人名茂名，丹邱访道吴棋枰。"这是出自清代康熙五十三年甲午科举人余麟杰的《潘仙采药歌》，记录了当时茂名地区著名的中药师潘茂名的故事。这是我国唯一一座以中药师命名的城市，这是一座枕山听海的古城。

医者仁心，潘茂名已成为一种文化符号传承了千百年。

草木人心，造化赋予茂名独特的自然资源。

这就是化橘红。化橘红，是茂名化州特产，是一味名贵的中药材。在明清时期，化橘红被列为宫廷贡品，根据历代医籍、药典记载，化橘红具有散寒、燥湿、利气、消痰等功效。它位列岭南八大道地药材之首，是中国地理标志保护产品，被誉为"南方人参"。

故州志记载："化州城内宝山及署内有礞石土质""礞石能化痰，橘红得礞石之气，故化痰力更胜"。因此，化橘红的品质、功效都强于异地产的任何橘红。

李锋，是在潘仙仁心的氛围里成长起来的化橘红传承人，多年来潜心研究化橘红，希望能够以此造福更多人。

| 化橘红果

| 化橘红树

李锋家族从明朝成化年间就开始种植、经营化橘红，至今已有500多年历史。直到20世纪六七十年代，特殊时期里，化橘红树林被作为资本家的财产，成为需要彻底铲除的对象，差点惨遭灭绝的下场。

李锋的爷爷心急如焚，不能让祖传的化橘红制作手艺在他这里断代，如何才能将这珍稀的化橘红树苗保存下来，得以延续传承呢？束手无措的李锋爷爷来到祠堂，跪在祖先牌位下祈祷，当他的目光扫过祖先牌位，脑中灵光一现，心生一计。天黑后，他叫来几个平日最为信赖的工人，偷偷转移40多棵化橘红树，移栽到地势偏僻的祖坟地，这是谁也想不到的地方，这才保住了化橘红的树苗。

爷爷在临终前拉着李锋的手嘱咐："阿锋啊，你要把化橘红世世代代传下去，不能断在你手上。"每每想到爷爷的遗言，李锋就感觉责任重大。

继承爷爷遗志的李锋，在1999年接过接力棒，开始大面积种植化橘红树。由于化橘红树要4年才挂果，摘完果实后，还要放5年在仓库自然发酵后才能炮制成药。前后下来，需要9年时间，这9年没有任何收入，只有开销和付出。

最困难的时候，李锋需要卖掉大房子来渡过难关，她的先生、两个儿子都很支持，卖掉280平方米的大屋，全家人搬进80平方米的小房住。

现在，李锋颇感欣慰，从家庭式作坊发展到种植面积达到1万亩的产业园，大儿子也回来继承衣钵，成为广东省化橘红中药文化代表性传承人。

现在，就连李锋的小孙子也能把祖训"用心把住金色火，细心烤出精品药"常挂嘴边，这祖训是强调化橘红最重要的工艺在于掌握烘焙时的火候与温度。小孙子从小就耳濡目染，在这样的氛围里慢慢成长起来，也能帮着李锋制作化橘红了。

通过 20 余年的努力，李锋已将自家橘星化橘红打造成集种植、加工、销售、研发、旅游观光为一体的产业化品牌。

"复我轮回久情盛，羡君怀里化橘红。"

这是苏东坡对化橘红由衷赞美的诗句，如今这曾经难以企及的南药珍品，平常百姓也能享用。

李锋还利用化橘红产业化的发展优势惠泽众多家庭穷困的老百姓，助力国家精准扶贫。

从 2005 年以来，李锋帮扶 500 多户贫困农户种植化橘红，改善他们的生活条件，帮助他们摘掉贫困帽。最典型的是种植化橘红的农户陈章振，他有五个小孩，老婆双目失明，家中就他一个劳动力，生活相当拮据。他是房前屋后种植了些化橘红树，李锋就鼓励他多种，来年收入也高。

陈章振，是村里最穷的困难户，有人劝李锋，他家那么穷，拿到你的钱，不会给你种树，你会上当。但李锋不怕，她笑着安慰对方，不用怕，愈是穷苦人，他就愈会珍惜发家致富的机会。

果然，不出所料，李锋就给了陈章振用于种植化橘红的经费。陈章振也如李锋所预期的那样很讲诚信，三年后准时收到了他种化橘红树的果实。李锋希望他扩大种植面积，并从资金、技术上全力支持他。

四年时间，陈章振就彻底摘掉贫困帽，盖了三层红砖房。他总是向李锋请教种植化橘红的秘诀。

每年春节前，李锋都会去走访种植化橘红树的农户，借机了解他们的生活状况，有的要盖房子需要钱，有的家里小孩读书交不起学费，还

李锋（右）教孙子制作化橘红

有的家中有病人要钱看病治疗。

李锋会根据每家每户需求，先将钱预付给他们，解决人们的一时之需。待到来年，她再按照市场价格收购农户种植、采摘的果实。李锋以助人之心成就了以公司加农户的形式种植化橘红，不仅提高了收果量，还形成了自己的独特种植模式。这是李锋的无心善举，却赢来丰厚回报。

站在高处，俯瞰万亩青幽幽的化橘红果树林，李锋很自豪，从她爷爷保存的 40 棵树到万亩果园，令她欣慰的是，这么多年来没有辜负爷爷的嘱托。

形成一定规模，橘星品牌得以传承，李锋有了更高的目标和追求。化橘红如何走出国门，成为她的研究课题。

化橘红作为茂名市一张重要的物产名片，早在 2017 年，茂名市化州化橘红产业协会就与泰国达成多项合作协议，依托"一带一路"倡议，计划在泰国发展化橘红全产业链。

李锋自然是看到了难得一遇的机会，她和新加坡医药公司合作研发了化橘红胶囊等各种符合海外市场需求的产品，还联合中山大学的专家学者们为共同研究化橘红定制了行业标准。同时，还在 2012

化橘红饮片

年积极推动化橘红入《美国药典》,八年后,化橘红又入选中欧地理标志第二批保护名单,逐渐得到国际认可。

就在节目拍摄期间,一位美国小伙慕名找到李锋,希望学习化橘红制作技艺。他是茂名地区的网红,对化橘红制作技艺慕名已久,主动上门是希望能够了解和学习。

李锋欣喜不已,没想一个年轻的外国人,竟然对中国传统老手艺感兴趣,带他参观工厂、了解制作工艺、体验橘红制作过程。

2020年,新冠疫情暴发后,李锋无惧风险,先是"千里送橘红"为雷神山医院施工人员送去一大批化橘红饮片,她还在现场支起一口锅,为5000余名建筑工人熬了五天五夜的化橘红茶,给工人们带去了温暖。

不久,茂名特产化橘红就被列入了新冠肺炎诊疗组方用药(试行第六版)。

笔者采访李锋(左)

受此启发,李锋有了新目标,希望加快化橘红"药食同源"的认证,这样就可以让化橘红进入百姓日常生活,用于日常感冒、咳嗽等预防中。年过花甲的李锋并没有停下脚步,化橘红的事业还需要她不停奔波。

纤草寸心,一往情深。

历史的传承,家族的希望。

如同李锋家族的家训所表述的那样,凡事只在一个"心"字,用心做事,用心做人,其实就这么简单。

一菲手记：

回望 800 年历史的天空，孔庙后山的李家园里生长着两棵古老的化橘红树。赭红色的墙角边，李锋端坐在木桌旁，泡上她自制的化橘红，玻璃壶里瞬间升腾起暖暖的香气，但见汤色黑红莹亮，入口回甘，唇齿留香。

在这南方最寒冷的日子里，一杯化橘红茶为我们留下了温暖的回忆。

未见李锋之前，在我们印象中化橘红只是一味药材，真没想到一片薄薄的化橘红会散发着悠长的古韵，这里有冼夫人的身影，也有潘茂名的纯厚。

这一切穿越历史的风雨，滋养着一代又一代的人们。

香里乡情

还没到博贺港，就有一股香风扑面而来。

这就是广东茂名的口岸。古老的沉香贸易就是从这里开始的。

"一克千金，木中钻石。"电白山上随便一棵沉香树，都长在茂名人的心里。

电白现有3万名香农，他们的祖辈以采香为生，是结伴出远门，跋山涉水踏遍海南、香港、东南亚等名山，带着干粮、蜗居深山、住在窝棚，寻找上好沉香木。沉香，需要经过天然的雷电虫害侵蚀后，数百年才能凝结成香，人工手段尚未成功前，只能依靠香农在一座座山间行走、寻找到白木香树、判断凝香好坏，一出门恐怕就要一年半载才能人工采集回来这换钱的宝贝。

他们面临着湿热气候、蛇虫野兽的威胁、悬崖峭壁的险峻，一代代电白香农就是这样将一片片天然沉香带回电白、交易上市、换钱养家。

如今，电白的沉香产业早已发生翻天覆地的变化。以前的沉香来自向老天讨饭吃，现在的沉香是

笔者与民俗专家廖君（右）在海丝港口博贺港

电白香农从土地中培育出的黄金。汪科元带领香农们干事业的原因，就是因为他深知香农的苦。

汪科元年轻时，也曾跟随亲戚当过采香香农，这看天吃饭的日子让汪科元想要改变局面。

高中刚毕业的汪科元，听说他的同学去海南采沉香，两个月时间，采一回香，就能分 300 元在手。这在当年可是天文数字的高收入。他靠自己和父亲挣的工钱以及向亲戚们借来的钱才凑足了去采沉香的开销，心动地跟着堂哥踏上了长路漫漫的采香征程。

第一次当采香人，汪科元大开眼界，也吃尽苦头。由一行 4 人组成的采香队伍，先到海南的农场，再进村上山，他们住在山洞，以野菜和当地农民给的木薯充饥。洞口要不停烧火，以预防蛇、山猪等野兽来攻击。

寻香的路上，年纪最小的汪科元一手执斧头，一手拿住麻袋，走在队伍最前面，披荆斩棘开路，后面跟着手拎砍刀、木工锯的另外三人，他们翻山越岭，踏遍儋州、五指山、尖峰岭等崇山峻岭。

幸运的是他们收获还不错。采好的沉香，全部装进麻袋，就准备下山。老话说得好，上山容易下山难。背着重如泰山的麻袋下山的汪科元，因山路崎岖，差一点就栽落进山谷。

后来，机敏过人的汪科元在第二次采香时，就当上采香师傅，带了 5 人开始他的采香之旅。但这种以命博财的日子，他一直想着寻找机会改变。

20 世纪 90 年代，汪父去世，叮嘱他要想办法改变这采香的局面。于是，继承遗志的汪科元将自家的山头种满白木香树，取名沉香山，希望能够通过人工种植来改变采香难的局面。

当他决定人工种植沉香树，很多人说他是疯子，沉香不是果实，不是种出来的，就算是能种植，三、五、十年难见收获，只能等到下一代人享受，这可真是前人种树后人乘凉的事儿。

汪科元力排众议，大量种植沉香树，尝试扦枝、扦插、土培等各种实验，但是结果都无功而返。时间飞快，一晃十多年过去了。

走在这片繁茂、静谧的天然白木香树林中，宛如徜徉在香的世界中。原生态的自然界，虫咬树的伤口，就会结香。树木承受着虫咬的痛苦也会进行自我修复分泌出一层香层，起到治愈的保护作用，随着伤痛的时间愈来愈长，积累的香脂就愈来愈多。汪科元望山而叹："难道这座沉香山真的需要短则十年，长则上百年，才能有香可采？人工真的无法种植沉香？"

正处迷茫期，好消息竟不期而至。在沉香山上发现了一棵年轻的树结满了香，而且香气扑鼻。研究发现，这树产的香和历史中记载的"迦南"颇为相似。极品沉香中的极品，古代称为琼脂，比之沉香更加温软。通常在一大块极品沉香料子中，只可能有非常小的一部分才能算得上是奇楠，极其珍贵。

| 储殷（右）采访汪科元（中）和种植户刘基胜（左）

汪科元看到了一线希望，他和伙伴们再次回到了沉香树如何产香的研究中。他们发现这奇楠结的香不仅浓郁，产期能缩短至2—3年，这大大超出了预期。于是，他们给这棵小树命名为"奇楠一号"。

然后他们又研究出将奇楠苗嫁接在上了一定年份的白木香树上，不但可以快速生长，也能结出奇楠香。后来又研发出扦插苗的培育方法。这人工种植沉香的夙愿竟然就达成了。

于是，他号召做香农出身的亲戚朋友、乡里乡亲都种奇楠香。但是人们仍不相信数十年、上百年结香的过程能缩短到三年。少数人跟着种了一段时间都放弃了，不过刘基胜等人跟着干下来了，经过十几年的发展，现在他已成为电白沉香协会的重要骨干，并成为电白的奇楠苗大王。整个电白以及全国的沉香产业，都在种植奇楠香，电白就是全国的奇楠苗基地。

2013年，汪科元牵头筹建了电白沉香协会，同年，茂名电白成功申报并被授予"中国沉香之乡"的称号。

种植成功后，随即汪科元便创建了沉香山公司，种植给到香农们去做，他要继续为接下来高产的沉香谋出路。

不久后，沉香药材、沉香隔物灸诞生，汪科元成为电白知名沉香企业家，而电白沉香开始以新的形式走向市场。后来沉香手串、沉香化妆品、沉香茶、沉香精油逐步上市。

曾经的香农们也在不断转型，逐渐成为沉香摆件雕刻家、沉香精油企业创始人、沉香创意灯具厂老板等。在电白，沉香成为特色产业化的地方特产之一，人们也逐渐随着产业的发展告别了曾经艰苦的采香岁月。

汪科元从来没有停下脚步，他希望能有更多人了解沉香，所以需要有系统的、全面的理论体系。他开始专注于沉香的理论整理和撰写，联合专家、学者进行沉香产品的研究以及学术著作。

通过努力，他成为中国国家科技兴村惠农带头人，同时联合相关大学对沉香产业进行研究，现在他担任世界中医药学会联合会沉香产业分会执行会长，希望继续带着乡里乡亲将这事业好好干下去。

于是，汪科元和沉香协会的香农又一次聚集在一起，围绕着奇楠丰收展开香农与香农间的对话。

"电白有香文化、香历史，新生代的香农都不愿再错过与香同行的好时机。"经营传统沉香香品贸易的王国茂积极说道。

"沉香里面的精油是软黄金，要用高科技手段来提取。新的一年希望能够再建一条生产线。"沉香精油厂老板覃天祥也提出了自己的想法。

在新建成的沉香博物馆里，沉香协会新老会长以及会员们都踊跃发言，各抒己见。汪科元也抑制不住激动之情，他说很欣喜乡亲们都看到了沉香产业的未来，才肯花大力气去种沉香树、开发沉香产品。这不仅是香农提高生活品质的谋生之路，也是借助沉香品牌推动家乡发展的情怀。

遥望馆内耸立的冼夫人塑像，在听着香农们的豪情壮志，一幅全新的香贸之路已然开启，与馆内动画陈列出的张择端《清明上河图》交相辉映，在人流如织的各式商铺中，最繁华的就是那家香药铺！

就如知名学者储殷教授在了解电白沉香产业后感叹道："沉香的产业化发展、技术的提升，终于可以让大多数人成为受益者。正是因为这样，沉香才能成为海上丝绸之路上的重要载体，形成一条国际贸易之路。"

透明高大玻璃房里，耸立着一棵造型独特的松树，树下布着一张可以坐十余人的香席，长条香案上整套打香篆的器皿旁是一尊博山香炉，缕缕淡雅的幽香在上空袅袅升起，大家围坐在一起，沉浸在上好奇楠香中，共话未来路。

如今，我们在越来越多的世界贸易盛会上和重大事件中看到电白沉香及电白人的身影。2018年,在首届东盟沉香产业融合区块链新技术高峰论坛上,汪科元就作为代表与专家们共同讨论用新技术给传统的沉香行业注入新活力,借助我国"一带一路"倡议,与东盟各国沉香行家们共同打开沉香行业发展的新局面。2021年,全球疫情仍在肆虐,电白沉香行业49家爱心企业共同携手,慷慨捐赠总价值约70万元的沉香口罩、沉香香材等防疫物资,发往非洲纳米比亚助其防疫抗疫。

香农,早已不是当年那群宿山寻香的搏命郎;汪科元,也早已不是年少轻狂的种香人。43年后,他早已两鬓斑白,幸得是鬓华虽改,心未改。他继续团结家乡的香农们将电白的沉香事业产业化、规模化,做大做强,走向海外,造福子孙后代!

一菲手记:

"掬水月在手,弄花香满衣。"

古老的东方,采香的岁月,沉香贸易就像是一个传说。漫漫丝绸之路,从某种意义上讲就是一条香料之路。

而今天,随着技术的发展,沉香产量大大提升,真正将沉香送入了寻常百姓家。这样漫长且艰难的过程,让我们心底升起无限感慨,电白香农们香袭世代,依托传统采香技艺,萃取百香精华,不断研发探索新香之路,让人心生佩服。

我是湾区人

每一个清晨，环湾区都市圈，都有全世界最忙碌的身影。

比如上百万人在广州工作，却在佛山居住；而数百万人工作在深圳，却在东莞安家；同样，数万澳门人进入珠海横琴新区工作；还有深港之间跨境上班的人有 4 万多……

洪为民，也是这人群中的一位，每天他从香港出发来到深圳前海工作。

身穿笔挺西装，常以粤语、普通话、英语三种语言切换自如地交流，是他给人的标志性印象。他有着诸多头衔和身份，如香港太平绅士、华人大数据学会执行主席、香港交

前海管理局香港事务首席联络官洪为民

通安全会主席、广东省粤港澳促进会副会长，还是一名从事 IT 行业 30 多年的科技人、天使投资人。

子曰："君子不器。"这是洪为民具有跨学科的学识背景与多重身份的源起，人生就要学无止境，如君子心怀天下。这其中让他颇为自得的还是"前海管理局香港事务首席联络官"这个职务。

洪为民能与前海结下缘分，实属偶然。在 2014 年初，本是从事 IT

洪为民（右）在前海

行业的他受中国香港特别行政区政府邀请到深圳前海参观学习，现场有位处长全程用英文作深港密切合作的重要性报告，这令洪为民大为诧异，他还是第一次见到内地政府领导用英语作报告。

后来，春节期间洪为民和朋友约在深圳见面，正好这位处长也在。趁此机会，洪为民大胆提出对前海深港合作的个人看法。没想到，那位处长当即向他发出邀请，说他们正想找位香港人来促进深圳前海与香港两地的交流、合作。

当时，洪为民自身经营着公司，他难以当即作出决定。在"一带一路"倡议的背景下，粤港澳大湾区规划纲要的出台，中国企业"走出去"需要香港这个国际贸易中心作为出海口，其次香港企业能够立足内地完善的产业配套深耕国际市场，这是一场千载难逢的发展机遇。经过一番考虑，不想错过此次机遇的他提出了兼职的想法。

但是政府部门对于任职干部有严格的规定和制度，这不仅找来一位香港人任职，还是兼职的形式，的确前所未有。爱才心切的处长积极向上级部门乃至深圳市政府、国务院港澳办申请、汇报情况，最终得到同意洪为民兼职前海管理局香港事务首席联络官的决定。这在全国也尚属首例，深圳在吸引人才方面的确能下功夫。

不久后，洪为民就去前海接受了聘书任职。

回到香港，他一个人开始忙着注册公司、聘请秘书、租房，准备放开拳脚大干一番。但在2014年前，香港人普遍不看好前海，甚至有个负面看法，认为前海会抢香港的生意。因此，他这位香港人竟成为前海管理局香港事务首席联络官，不仅是个新鲜事，还在业内炸开了锅。

万事开头难，如何开局成为洪为民的第一关。毕竟这是香港与深圳两座城市、两个政府之间的合作，为了消除误解、打消顾虑，洪为民上任后便第一时间邀请了时任香港特区行政长官的梁振英来为此定调，阐述深圳前海是为香港土地和人才的扩容，给香港青年创业圆梦的梦工厂。

至此，洪为民的工作得以顺利开展。联络官的职责是消除企业界等外界对前海的疑虑。当时，许多香港人还不知道前海在哪儿，洪为民就将深港边界的地图印在名片背面，还特意圈出前海的具体位置。

为了扶持更多的深港青年创业，少走一些弯路。经历过创业之苦的洪为民在前海投资了一家名为斑马星球加速器的创业公司，专门帮创业者找投资、做培训并扶持他们成功。

前海有各种各样的公司，不乏喷油漆机器人、洗墙机器人甚至用于纺织行业专门找线头的机器人，这些项目很有趣，如果能见证他们的成功，对于洪为民来说是件非常开心的事。在创业领域，成功不单单是上市带来的喜悦感，还有把一个科技成果做出来的成就感。

目睹着前海日新月异的突变，最让洪为民引以为傲的是入驻前海的初创企业，两年后的存活率超过50%，其中不乏成功融资数千万元甚至上亿元的优秀企业。比如学学科技，创业不到一年便获得首轮融资5000万元；比如理大玻璃，专做北方保暖刚需新材料，入驻不久就募资2000万元。

2015年，洪为民被委任为太平绅士。太平绅士是对香港社会有"重大贡献之人士"的认可与表彰，无疑这也是对洪为民最高的褒奖。同时，这提高了洪为民的社会知名度，使他的"联络官"身份更有信服力，工作更易于开展。

深圳前海从寂寂无名到炙手可热，从仅有300家香港企业入驻到现在已有 1.7 万家港企的落户，这其中离不开洪为民的辛勤付出。

洪为民出生在内地，但在香港湾仔长大。年仅 10 岁的洪为民随父母来到香港，粤语听不懂、英语讲不好的他与家人一家三口挤在仅有 4 平方米的湾仔筒子楼里。这段特殊的经历培养了他认真、踏实、坚持到底的做事风格，但他早已不是当年那个苦孩子。自信且笃定、有所成就的他，见证了香港的腾飞和改革开放后香港人纷纷回内地开厂的时代发展。

因此，他才稳稳抓住深圳前海的发展机遇，希望能在深港合作方面作出一定贡献。

重溯历史，1979 年的改革开放，洪为民错过了，但踌躇满志的他不想再错过粤港澳大湾区发展背景下深港进一步合作的机遇，国家第二次改革发展的机会。

展望深港合作的未来，洪为民神情转为严肃："在我心目中，深港是双子城，两边形成互补、不舍不弃的态势。到现在为止，深港合作还没达到一个理想的阶段，革命尚未成功，我这老同志仍需努力。"

洪为民熟读《资治通鉴》，他从中悟出"人生就是从一无所有到一无所有的过程"。那么，中间两件事最重要：第一，你人生的旅程是否精彩；第二，世界有没有因为你而做一些微小的改变。

显然，洪为民的人生旅程非常精彩，从湾仔到湾区，他非常出色地履职了前海管理局香港事务首席联络官的事务，通过他这些年的努力与付出，深港两地因为他的推动，认识更加客观，合作更加紧密。

洪为民希望能够创造一段光辉岁月，在老后给

| 笔者采访洪为民（左）

晚辈们讲讲曾经努力、奋进的过去。时光荏苒，长期负责前海事务、熟悉内地事务的洪为民已成为沟通深圳前海、香港两地的代表人物、"双城使者"。

对此，洪为民另有解答："我不做区分你我的使者。我是香港人，也是深圳人，更是湾区人。"

未来，深港合作势必更加紧密，湾区将因高密度的多维的连接而提供更多机遇。而"洪为民们"，正是创造这些机会和把握这些机会的人。

一菲手记：

落日斜阳在深港上空，投下一抹璀璨的余晖，海天一色的美景，使人留连忘返。从香港湾仔到内地湾区，在内地出生、香港长大的洪为民对两地的文化都有高度认同感，既能用香港人听得懂的语言解释前海的政策、国家的政策及其对港人的机遇，也能用内地理解的方式转达港人的诉求和忧虑。

在双城之间，他如同一个摆渡人，在往来穿梭之间，承载着不知多少温暖和力量。虽然历经无数次双城辗转的辛苦，但是他总掷地有声地说："我是湾区人。"

"非洲屋脊"的探路者们

一杯咖啡，能喝出非洲的味道。

我们在埃塞俄比亚的旅程，就是从一杯传统的咖啡开始。

在当地，无论贫穷富贵，家家都有一套用来制作咖啡的器具。青草铺地，轻烟蔓起，伴随着水的沸腾，醇厚的香味在四周蔓延，这是咖啡衍生出的生活化仪式。

其实，他们的咖啡就和中国的茶一样，入口虽苦，但回味甘甜，就像这个历经苦难的民族，如今成为世界经济增速最快的国家之一。我们这趟行程要拜访的泽耶迪，正是凭借自己的努力，出人头地，苦尽甘来。

| 埃塞俄比亚咖啡仪式现场

戴着眼镜的泽耶迪，身穿灰色羊毛衫，斯文儒雅。他会说地道的中国方言，经常充当"翻译"的角色，实际上，他是中交一公局集团有限公司埃塞俄比亚分公司的人事经理。

中交一公局集团有限公司在埃塞俄比亚相当有名气，埃塞俄比亚的第一条高速公路，首都60%以上的城市公路都由它承建，其中，"中埃友谊路"被中国商务部授予优秀援外项目，亚的斯亚贝巴环城公路被誉为埃塞俄比亚迈向现代化的象征。

埃塞俄比亚像给东非打开了一扇窗，它以平均3000米的海拔高度，成为名副其实的"非洲屋脊"。阿克苏姆帝国就曾经屹立在"非洲屋脊"之上，它与罗马、波斯和中国汉朝处在同一个辉煌的时代，拥有自己的文字和3000年未间断的历史。

今日的埃塞俄比亚，又欣逢与中国接续一段特殊的机缘。

在埃塞俄比亚，除了公路，铁路、水电、通信等领域都有中国的身影。在"一带一路"倡议的推动下，中国有超过400个项目落地埃塞俄比亚，有20万名中国人在这里工作，而泽耶迪也与中国有着不解的缘分。

泽耶迪的母亲在他8岁时就去世了，父亲独自将他们六兄弟抚养成人。"要好好读书，学习好生活才会好。"这是父亲常挂在嘴边的话。泽耶迪牢记父亲的教诲，他高中毕业那年，埃塞俄比亚政府与中国建立外交关系，他所在的学校有六个去中国留学的名额。

泽耶迪日夜苦读，通过了数学、化学、物理学的重重考试，拿到了天津南开大学交换生名额。

"看到学校贴出的公告有我的名字，我高兴地哭了。回到家，告诉父亲和兄弟们，家人都为我能去中国留学激动得彻夜难眠。"回忆起20多年前被录取那天的情景，泽耶迪今天依然很激动。

20世纪90年代，埃塞俄比亚的就业率很低。学成归来，泽耶迪开始努力找工作，他早就听闻

| 中交一公局集团有限公司埃塞俄比亚分公司人事经理泽耶迪

泽耶迪（左）与中国同事在埃塞俄比亚工地

CCCC（中交集团）的知名度很高，抱着试试看的态度前去应聘，最后凭借中英文语言优势被录用，这在同龄人看来，是一件可望而不可及的好事。

在中交集团工作20多年，泽耶迪从家境困苦到有房有车，还组建了家庭，成为三个孩子的父亲。他实现了父亲的期许，也彻底改变了自己的命运。

如今，泽耶迪每天开车行驶在亚环路，也就是自己在中交参与修建的一条公路，这是他上下班的必经之地。他告诉我说，走在这条路上，最大的感觉就是proud（骄傲）。

在中方埃塞俄比亚分公司总经理文应征的印象中，像泽耶迪这样的埃塞俄比亚雇员，占到了分公司员工总数的90%以上，遍布各个岗位：管理层、律师、秘书、机械师、工程师、司机、操作手和清洁工等。他感慨到，埃塞俄比亚员工是公司最宝贵的财富，因为他们的努力付出，中国企业才能在当地稳定发展。

建立在彼此尊重、认同基础之上的民心相通，才是一座跨越千山万水、畅通无阻的路桥。在亚的斯亚贝巴，还有一条特别的"路"，一群年轻的小伙子，在这条"路"上奉献着自己的青春。

亚的斯亚贝巴的轻轨分为南北两条线路，当初开建时，中国派出300名学者、专家和工作人员来这里协助他们开展工作。2019年节目拍摄的时候，大部分工作人员已经回到国内，还有七八个小伙子，正在完成最后的交接。

七月的埃塞俄比亚阴雨连绵，站在轻轨站台，袭来的冷风让人不禁打了几个寒战。此时，一个戴着棒球帽、身穿牛仔衣的中国男孩，带着他的徒弟出现在我们面前。这个男孩名叫蒲锐，是深圳地铁埃塞俄比亚有限责任公司的培训主管，他的徒弟是当地人，曾在天津师范大学留学，他给自己起了一个很好听的中文名字：旭日。

旭日能讲一口流利的中文，他领着我们走过人潮涌动的轻轨始发站，一路上滔滔不绝。没有开通轻轨前，由于公共交通滞后，整座城市很早就进入睡眠状态，现在的轻轨营运到晚上10点钟，商店、餐馆也延长了营业时间。而且轻轨的价格也便宜，最高6元，最低2元，相比

| 笔者漫步在亚的斯亚贝巴

坐面包车和公共汽车都实惠得多。可以说，古老的亚的斯亚贝巴，因为轻轨的到来焕发出新的生命力。

旭日的侃侃而谈，让我暗自感到惊奇，当年的亚的斯亚贝巴相当落后，远远不及深圳的繁华热闹，蒲锐这批年轻人为什么会选择来这里工作？

其实，早在 2015 年，蒲锐就有来埃塞俄比亚的打算，但家人担心他的安全，也考虑到他该成家了，劝阻了他。到了第二年，他得知埃塞俄比亚分公司缺少会说英语的员工，双方交流出现了很大的障碍，而他的专业就是英语，最终，他说服了父母，来到了这里。

"那个时候，这座城市只有一盏红绿灯，交通以'堵'闻名。生活用电很不方便，经常一停就是五六个小时，我很不适应，但只能慢慢熬下去。我那会儿是带着任务来的，主要工作就是'传帮带'，把深圳地铁集团的技术、管理知识教给当地的员工。"

和蒲锐一起来到埃塞俄比亚的还有深圳地铁埃塞俄比亚有限责任公司车辆检修工冯土均。

这位头顶蓝帽子、身穿蓝工装、戴着眼镜的小伙子笑容腼腆。尽管徒弟们已经练就了一身本领，他仍然坚持每天去现场"盯梢"。他希望，他们严把质量关，保障安全运营。"当地的工业基础设施薄弱，这几年，中埃两方克服了很多困难，现在已经完全交付给他们营运，我手把手教出来的徒弟们已经'出师'了，我很开心。"

四年弹指一挥间，这批中国小伙子和当地的员工都成为了朋友，眼见徒

| 蒲锐（右）与旭日（中）及当地员工沟通工作

弟们从一无所知到熟悉操作，蒲锐、冯土均都感到很欣慰。

在深铁国际党总支书记、执行董事林钢先生的眼里，深圳地铁对亚的斯亚贝巴轻轨项目的支持是全方位的，愿亚的斯亚贝巴轻轨像深圳地铁一样安全、平稳、高效营运，也为埃塞俄比亚城市轨道交通事业奠定一个好的开端。

笔者体验咖啡仪式

一件有趣的事是，埃塞俄比亚前总统穆拉图·特肖梅也是中国的老朋友，他在中国学习和生活了整整12年，常说中国是他的第二故乡。他眼里的中国企业勤恳，吃苦耐劳，为中埃两国友谊作出了卓越贡献。

一菲手记：

山河远阔，人间烟火。

坐在亚的斯亚贝巴最古老的一间咖啡馆，玻璃窗外，街道繁花似锦，人群川流不息，此刻，一张张努力奋斗的面孔又浮现在我的脑海。蒲锐、冯土均这群年轻人把最珍贵的青春奉献给了非洲大陆，这也成为他们生命长河中最难忘记的一段岁月……

记得采访完泽耶迪的时候，他给我看了孩子的照片，嬉戏打闹、笑容满面，他很诚恳地对我说道："父亲坚持让我们读书，现在我很感激他，我对我的孩子也是这样的要求，一定要好好读书，将来有机会去中国。"

再生繁花

明澈而凝神的目光，一双会笑的眼睛。

我们接近王小慧的那一刻，我们似乎感受到了一个辨识度非常清晰的面孔。

这就是王小慧。

在梨花空蒙的季节，我们到达上海，寻访曾在德国生活了30多年的旅德跨界艺术家王小慧女士。她是同济大学毕业的建筑设计师，与先生同去德国留学后，因其兴趣广泛，博览群书，跨界摄影、雕塑装置、灯光艺术、电影导演、文学写作、活动策划等多个领域且得心应手，皆颇有建树。

2011年，王小慧凭借实力获得由德国政府颁发的"中德友谊奖"，表彰她在中德两国政府和民间的文化交流作出的积极贡献。在2017年，她还荣获全球杰出女性领导力大奖——"雅典娜大奖"，这是该奖设立35年来首次颁发给中国女性。

头扎彩条丝巾的王小慧站在以她个人命名的艺术馆门口等候着我们的到来。

一进到艺术馆展厅玄关处，便是她最著名的雕塑作品"艺术之吻"。一束光照在如樱桃熟透般的艳红色作品上，仿佛是

| 旅德艺术家王小慧

相爱的人在热吻相连，又似两片亲密无间的花瓣紧挨，更像两颗心的灵魂触碰。

上海大剧院也收藏着一件王小慧创作的"艺术之吻"雕塑，但风格却截然不同。这件作品是经由一个叫白岩明的法国人请她创作后被大剧院永久收藏。

| 被上海大剧院收藏的"艺术之吻"

大剧院筹建时，法国设计师夏邦杰利用"天圆地方"的理念将其设计成典型的中国式建筑。当时任全球知名的法国百年银器品牌昆庭的负责人白岩明负责剧院内的艺术装置，如何打造一件符合剧院气质并与其他艺术品相得益彰的作品，他慕名找到旅德艺术家王小慧。

白岩明眼中的王小慧，温润、典雅但又热烈、个性，是一个中西方浸润出的独特女士。想来要在外籍设计师打造的中国建筑里创作出中西方融合的作品非她莫属了。

于是，圆润饱满、大气厚重的铜绿色"艺术之吻"落户于此，形制虽然相同，但是彰显的韵味与早前的作品又截然不同。

这是王小慧作品中独有的鲜明风格，总能给予观者丰富想象和解读。在王小慧看来，艺术最重要的是独创性，如果没有独创性的话，艺术本身就没有存在的意义了。

作为创作型跨界艺术家，王小慧喜欢探索新鲜事物，不喜欢重复自己，所以在 AI 大热的 2023 年，王小慧艺术馆率先举办了首届上海数字艺术国际博览会，呈现集数字、艺术、科技、潮流于一体的多元宇宙共生概念。在 AI 无思想无性别的声音中，她又联合 W 做出了"野小慧·首届女性 AI 国际艺术展"，借由 AI 展现女性多元魅力的同时，传递"以爱（AI）去孕育生命、创造希望"。并在此次展览上推出了最新 AI 作品《我的未来一百年》，由 AIGC 创作出未来 100 个职业中的"我"，提供给观众想象未来可能会出现的职业，探讨女性在未来一百年中更多的可能性。遥相呼应十几年前她的摄影作品《我的前世今生》。

不管是做雕塑还是摄影，王小慧对于艺术创作的要求是一致的。向

| 王小慧最新作品《我的未来一百年》

来高要求、独创性强的她就曾做过一个轰动中德的艺术交流活动。

德国知名品牌宝马公司曾邀请王小慧作为年度艺术家在德国慕尼黑举办个展。致力于推动东西方文化交流的王小慧以语言不同、种族不同但人性相通的理念，将展览主题定为"无边界"。

展览分为六个摄影与影像的系列作品，上下两层全都放满了她跨界创作的作品：影像与音响、画面与文字、建筑与设计、艺术与技术、时间与空间及东方与西方，在这里融为一体。

其次，她在展览期间还策划了八次东西方对话活动，对话内容涵盖了文学、艺术、建筑、城市、环保等领域。王小慧邀请了中国与欧洲不同领域的名家来参加，有时任我国科技部部长的万钢、时任德国慕尼黑市市长的吾德先生、旅居德国汉堡的中国作家关愚谦先生以及欧洲著名的

建筑师、导演、演员等，就同一个主题各抒己见，这其中不乏碰撞，也有互相学习。

这在中德两国之间引起巨大的轰动，当时慕尼黑电视台还专门做了八场直播，进行全程报道，差不多5%的慕尼黑人都来参观了展览。

这个"无边界"的个展影响力巨大，使得宝马公司为她破例，在次年的柏林为王小慧再次举办年度艺术家大型个展，仍由她主持邀请不同领域的嘉宾来做关于东西方的对话系列活动。

东西方文化背景不同，才需要多层面的深度交流，显然这样的沟通方式是有效的，这系列的艺术展览、对话活动无疑具有划时代的意义。不同的国家多一些交流，人们就会多一些理解，多一些尊重。

后来，王小慧还策划了"德国作家看上海""德国摄影家看杭州"等艺术交流活动，想让外国人也更充分地了解中国。王小慧邀请了十位知名的德国作家来看上海、写上海，用他们观察的角度、思维的理解和语言模式去表述撰写；她还邀请了众多德国摄影家到杭州进行摄影创作，透过不同的角度呈现杭州的美和韵味；这些没有说教的创作以德国作家们、摄影家们的阅历与理解，亲身感受中国的文化，来呈现出真实、形象、立体的中国形象。这样的人文读本非常受国内外读者欢迎，屡次加印。

对于这样的成功，王小慧微微一笑："中国的文化是一座高山，欧洲的文化也是一座高山，我愿意做国与国之间的文化交流的桥梁。"

2020年10月，正值新冠疫情暴发年，一场"世界即现在"的公益艺术摄影展邀请王小慧参加，策划者是德国人罗伯特。

"目前世界上，没有一个城市的发展速度能超过上海，一切都以上海为中心！我们想在上海为世界做点事。随着疫情的控制，人们慢慢过上正常的生活，这对世界各地的人们来说，也是个好消息。因为中国做到了，并且做得很好！"

罗伯特策划这个摄影展就是希望给大家传递信心。

"世界即现在"表达了必须活在现在而不是过去的思辨哲理，这是当下最好的生活主题，王小慧爽快地应约，与九位艺术家一同奉献了非常精彩的摄影作品。

在展览中，王小慧的肖像分别从侧面、正面、托腮沉思、向上仰视

| "世界即现在"摄影展王小慧作品

等不同角度呈现，在黑白光影里的她，温婉静默。她说："我们不仅仅是要向中国人民展出，还想让全世界的人民知道'你必须活在当下'。这个公益活动，就是为了给大家希望，希望是这个世界上特别特别需要的光。用爱、用希望、用美把大家的心凝聚在一起，面对无法预料的全球灾难时，还能感觉我们不是孤单的。"

罗伯特很喜欢她此次的参展作品，秉持了王小慧一贯的风格，关注自我的内心与精神，也体现对爱与生命的观照。

在艺术界，许多人尊称她是中国的弗里达·卡罗，这位墨西哥的传

奇女画家，以强烈的自传元素杂糅了现实主义的幻想，用超现实的想象开发混合现实的风格，描绘人类的痛苦和死亡。

王小慧承认，确实有很多评论家把她与弗里达·卡罗相比，两人的创作和人生经历有相似之处，都出过车祸，创作都具有浓烈的自传性，弗里达·卡罗是画自画像，王小慧是拍自拍像，人生都经历过大起大落。

王小慧曾两次专程去到弗里达·卡罗的博物馆，有一次，她在深夜去博物馆，陪同的朋友对值班人员说王小慧是中国的弗里达·卡罗。工作人员就破例开了灯，让她夜游博物馆。

四周静谧，站在空无一人的博物馆，王小慧凝望着弗里达·卡罗的自画像，与她深情对视，心底升起同类惺惺相惜的怜爱，那一刻，她体验到和弗里达·卡罗产生灵魂对话的感觉，此种心灵震撼的经历，令她久久难以忘怀。

年轻时期的王小慧经历了丈夫和好友相继去世的特殊经历，让她的创作主题总是围绕着"生、死、爱"。与弗里达·卡罗的"死亡"命题不同，在王小慧的作品中呈现出东方文化语境下的凤凰涅槃的轮回与重生。

王小慧曾创作过以花卉为主题的系列摄影作品"花之灵性"，翻译成英文是 Eroticle Flower（性感的花）的意思。"花之灵性"系列作品实际上在讲生死轮回。花朵盛放，是生命美与灿烂的一刻，也有花朵凋谢、枯萎、烧焦、冰冻、发霉，备受摧残的衰败、脆弱的伤感。生命的绽放，生命的衰败，生命的周而复始的循环。

她将花比作女性，从生命的角度去真诚地欣赏，用花所具有的独特视觉语言讲述它们的故事，展示它们的存在，就像人一样各有自己的姿态、神情、性格与特征。花的生命和人的生命相似，用花来拟人、象征人的生命，所以生命中有生、死，有爱和希望。这些花儿只是一种媒介，它是用来表达生命过程的，不仅要用眼睛看，而且要用心来听。在这些作品中，人们听见了无声之声，专业人士、老百姓都很喜欢，雅俗共赏。

女人如花，王小慧热爱花。近期王小慧艺术馆正在展出的"野小慧·女性AI艺术展"三楼就有AI重新演绎的"花之灵性"系列作品，通过AI国际艺术作品探索女性和花朵之间的联系，并探讨花朵如何成为女性自由表达和内心情感的代言物。

王小慧个人艺术新馆已建成，这是一座面积达2000平方米的独立三层小楼。新馆的外立面设计是在两片不同角度倾斜的白色墙面上装置着王小慧的代表作"艺术之吻"红唇雕塑，非常醒目。

这家以数字影像定位的艺术馆，从2022年开馆至今，为观众呈现了一系列精彩绝伦的艺术展览。包括但不限于虚拟现实、互动装置、影像装置等。这些展览通过技术的创新和艺术家的独特表达，打破了传统艺术的边界，让观众能够身临其境

| 艺术馆常设数字艺术展区"超感空间"

| 夜幕下的王小慧艺术馆

地沉浸在艺术的世界中。

未来，在这里将会有更多具有独创性、感染力、影响力的艺术品、艺术交流活动产生，而王小慧将在这个全新舞台继续书写她的艺术人生。

未曾在长夜痛哭过的人，不足以语人生。曾在车祸后，痛失所爱的王小慧出版了畅销20年、再版50次，荣获三个文学奖的自传《我的视觉日记》，在此书的结尾写道："我愿生命每年都再生繁花，成为一棵常青之树。"她做到了，从建筑师到摄影家、作家、装置艺术家等领域跨界重生，生命之树可以凋落，但生命之树永远常青。

笔者和旅德艺术家王小慧（左）

一菲手记：

"人生只是一个美丽而苍凉的手势。"

循着王小慧的目光看过去，我们倾听到的不仅是凝固的音乐，更是一位艺术家丰富精彩的传奇人生。

我认识她，是从她的著作《花非花》开始，没想到许多年后竟然真能与她本人相识，在短短的采访时间里感受到一个艺术作品背后的真实王小慧，物质简单、精神丰富、灵魂有伴、随心所欲，这就是她的状态。

王小慧的艺术在某种程度上折射了个人的生命跌宕起伏，就如莲花枯荣，从莲子的孕育生长，开花结种，到落入水中孕育出新的生机。

王小慧享受这份美好的生命循环，一路繁花相送。

澳门赤子情

澳门，一个既遥远又近在咫尺的地方。

400多年前，欧风东渐在澳门打开突破口，大三巴牌坊的精雕细刻散发着文艺复兴的气息，一旁的哪吒庙屹立100多年风雨不倒，两种信仰和谐共生，被视为澳门东西方文化和谐相处的象征。世界遗产委员会曾高度评价这道奇特的风景：这是中西方交流最早且持续沟通的见证。

华子锋：澳门和葡萄牙，我都不会抛弃

我们的寻访从一张东西方混血面孔开始。

华子锋是中葡产业文化交流促进会（澳门）（以下简称"中葡促进会"）会长，我们摄制组去他家的时候，他正和两个孩子嬉戏打闹。

华子锋的外公和父亲是葡萄牙人，外婆则来自广东开平。单从外貌而论，高鼻梁、浓眉大眼，异域特质更明显。他看着忙碌的妻子，笑着说道："我们家很特别，比

儿时的华子锋与父亲

华子锋一家

如我和我的妻子，她虽然是中国血统，但在葡萄牙长大，我们又在澳门认识，双方交往后，发现很合得来。结婚十年了，在家里，我与妻子用葡语交流，她跟孩子说普通话，我就跟孩子说广东话。"

在澳门，像华子锋这样土生土长的葡萄牙后裔有1万多人，他们也被称为"土生葡人"。

16世纪，葡萄牙成为航海时代的推动者，而澳门是外国商船来华贸易的第一站，他们必须先在澳门办理通行证、雇佣买办，再到广州进行贸易。随着海上丝绸之路贸易的繁盛，澳门成为晚清政府探索与了解世界的窗口。

追溯鸦片战争的历史，林则徐主持过一项翻译英文图书报纸的活动，以期"探访夷情，知其虚实，始可以定控制之方"。在中外文化激烈冲撞之际产生的这些英文中译资料，是历史意涵极为丰富的文献，也成为研究近代中国翻译史、新闻史、中外关系史及鸦片战争等的重要素材。

连林则徐自己也没有意识到，他会成为中国近代传播西方文化，促进西学东渐的带头人。

我们此行拜访的"土生葡人"，正是在东西方文化融合的背景下诞生的特殊群体。那个时代，大量葡萄牙人来澳门开埠定居，与当地人通婚。

在华子锋的家里，挂满铃铛的圣诞树下堆满了给孩子的礼物，一家人坐在茶桌前泡茶闲谈，粤语中夹杂葡萄牙语和普通话，自然而融洽。

节目拍摄那天，华子锋陪伴家人的时间非常短暂，因为他要赶往珠海横琴，在那里，一家地道的葡式餐厅即将开业，摄制组随他辗转到澳门对岸的横琴。

横琴仿佛一个大工地。得力于大湾区发展的新契机，一座座摩天大厦拔地而起，目及之处，万象更新。

即将开业的葡多利餐厅（葡萄牙语 Portugalia）是葡萄牙人的啤酒屋，有着近一个世纪的历史，它深深渗入几代葡萄牙人的日常生活，当年祖父母们品尝的经典葡国菜，到今天仍然挑逗着"土生葡人"的味蕾。

葡多利之所以能在珠海横琴开设中国大陆首家分店，离不开中葡产业文化交流促进会（澳门）的努力。

还没有一个社会团体能让我们觉得有这么大的能量。

我们说的就是中葡促进会，它在产业与文化之间自由地游走，既有担当，又有责任。华子锋作为会长，早在几年前，就与葡萄牙的餐厅经营者洽谈合作，这才有了今天的成功落地。

华子锋回忆到，当时，与横琴口岸仅一街之隔的励骏庞都广场正在招商，作为国内并不多见的葡式风格购物中心，他们马上想到，这里应该有一家地道的葡国餐厅。为了迎合大陆旅客的口味，他们费了一番功夫。"葡国菜口味比较淡，而相当一部分大陆朋友口味偏重一些，我有葡国饮食习惯，而我的太太来自大陆，我们不停地试菜。"

厨师端上几道特色菜，华子锋介绍道："这里的猪扒包和蒜蓉炒蚬比较经典，澳门的猪扒包非常有名，而蒜蓉炒蚬是葡萄牙的传统菜式，就像我的日常口味一样，有澳门的特色，也有葡国风味的影子。"

熟悉的味道让华子锋想起了小时候，腌鳕鱼干、烤香肠、葡式蛋挞、猪扒包、大菜糕、竹升面……经典的葡国风味与澳门小吃轮番登场，给他的童年留下了丰富的味觉记忆。

沉浸在葡式风情的氛围里，我们很好奇，像华子锋这样的特殊群体在澳门是否会遇到身份认同的问题，他沉思了一会儿告诉我们说："就像问小孩喜欢爸爸还是妈妈一样，如果你再深一点去问，你（小孩）是爸爸的孩子还是妈妈的孩子，我两方都选，我不会抛弃任何一边。澳门本身就是和谐、融合的一个地方。"

味觉记忆会嵌入自己的骨髓里，无论千里万里依然刻骨铭心，在与澳门一衣带水的横琴，华子锋希望通过这家餐厅，将记忆中的味道传递给更多人。

| 华子锋（左）与中欧国际工商协会会长陈功伟交流

中葡促进会的项目远不止一家餐厅。

六年来，他们帮助葡萄牙和巴西球队落地中国不同省份；助力中国农业科技在巴西打开市场，同时推动巴西农产品在中国大陆打开销路；2020年10月18日，格力全国巡回直播第6场落地澳门，董明珠除了实景展示格力家电之外，还担起澳门"形象大使"的角色，热情地向人们推荐澳门的特色美食和文化遗产……这些项目的背后都能看到中葡促进会的身影。

华子锋希望以澳门为基地创业成功的人士作为案例，引起长期散居在外的"土生葡人"及澳门人的兴趣，打动他们回归澳门、以澳门为家和经商的心。

节目拍摄过程中，华子锋辗转澳门、珠海、内地其他城市，沟通各个项目进展和青年创业近况，一刻未停。在澳门陆军俱乐部，华子锋约见了一位同样从事社团工作的好朋友——中欧国际工商协会会长陈功伟。

和中葡促进会一样，中欧国际工商协会是一个非营利团体，以增进中国各城市及地区会员与欧洲各国地区会员之间的商务交流与合作。在澳门，像这样活力旺盛且具有很高的专业化水平和服务经验，能够与国际接轨的社团有数千个，成为深度推进"一带一路"建设的重要补充力量和沟通桥梁。

华子锋和陈功伟的眼中关注的是项目和项目的如何落地。

"不只是年轻人，基本上澳门所有需要发展的人，都会面临大湾区发展的机遇。希望我们的工作能为推动澳门把握国家'双循环'机遇，融入国家发展大局贡献绵薄之力。"

周可祺：想要融入大湾区，你必须走进去

华子锋的老同学周可祺走进我们的视线。

他作为中葡产业文化交流促进会（澳门）理事长，原本祖籍开平，因为战乱，爷爷那一辈举家搬到澳门。在澳门半岛，他们经营了一家饼店——"三可饼家"。在周可祺的记忆中，爷爷做的芝麻饼很好吃，甜

甜的、薄薄的饼上面撒一层芝麻，那个味道他至今都记得。

举家搬迁彻底改变了周可祺的人生轨迹。6岁那年，他在澳门培道小学上学，华子锋就是他的同班同学。小学毕业后，两人本已失去联系，因为共同的英国留学经历，又一起创业。

周可祺从澳门大学市场学系毕业后，先后在多家金融及银行保险集团任职，其间一边工作一边进修，他是首位获英国伦敦银行与金融学院颁授会士名衔的澳门人。

周可祺的创业之路，从与朋友成立商业顾问公司开始。近年来，他看准了中葡平台的商机，与华子锋一起积极开拓澳门与中国大陆及葡语系国家的商贸合作。

一个人可以走得很快，但一群人才能走得很远。

周可祺把为澳门青年做创业指导作为使命，担任了澳门大学创新创业中心导师和澳门青年创业孵化中心顾问，他总是鼓励在校学生和创业青年，"你在手机和电脑上看大湾区没有用，你要走进去看，每个城市有它独特的文化气质，拥有的产业千差万别，比如做农业和旅游，应该往西边去，而服务业、电子科技则适合到东部沿海发达城市"。

面对我们的摄像机，周可祺动情地说："我1996年到2000年在澳门大学读书期间，经历了香港和澳门回归，对于我一个年轻

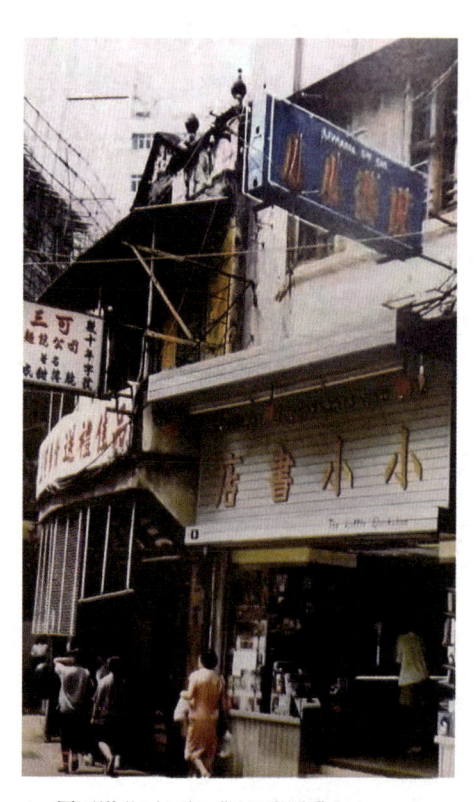

| 周可祺儿时记忆"三可饼家"

| 周可祺参加首届"黄金内湾"粤港澳城市创新发展论坛

人来说,那个感受很深。澳门以前是一个小渔村,也比较落后,在回归以前发展很慢,但是回归以后,有国家的支持,澳门赌权开放,社会的治安也好了很多。虽然现在疫情下,澳门的博彩业和旅游业受到很大的影响,但是如果从 1999 年到疫情前,这 20 年澳门的改变真的很大。"

庞川:教育是一种社会责任,我很开心能尽一分力

采访庞川校长的时候正值初秋,天空如被清洗过一般,通透的湛蓝映衬着校园的静谧,庞川校长下课后匆匆赶来,连声抱歉。

庞川校长同时拥有很多身份,澳门特别行政区立法会议员、公共服务及组织绩效评审委员会主席、澳门科技大学副校长兼研究生院院长以及酒店与旅游管理学院院长等。每一个身份的背后,都代表着沉甸甸的

| 庞川

责任和义务。

庞川出生在江苏盐城，中学时成绩优异被保送到复旦大学物理系，然而，这位理工男却是个不折不扣的武侠小说迷。他喜欢《笑傲江湖》里的令狐冲，浴血救人，硬气洒脱，他也曾幻想着仗剑走天涯，却进入了教书育人的行当，一干就是20年。

复旦大学管理学博士研究生毕业后，导师看中他的勤奋踏实，把他带到了澳门科技大学，从一名普通讲师到学院院长、副校长，他一直是学生心目中最敬重的长辈。

庞川喜欢澳门的学术氛围，轻松、愉快，他希望将这种氛围接力下去，带动更多的澳门青年，通过读书找到人生的方向。

庞川在教学上重视培养"实践型"人才，未来他也希望更贴近社会对于职业教育的需求。因此，他很注意创造机会，锻炼学生的动手能力。比如酒店管理、旅游学院这样面向旅游业需求的类型，庞川在制订人才培养和学生实习计划的时候，都会与酒店旅游业保持密切联系，让学生能够在毕业之后马上将所学应用到实践中。

庞川校长在教学之余，时刻关注粤港澳大湾区的规划建设，只不过他关心的角度还是从最基础的人才开始，"人才是创新的源头，大湾区发展离不开创新与人才。对于大湾区来说，要重视两个方面的问题：一是如何培养、吸引各类人才；二是如何促进人才在粤港澳之间流动"。

如果不是亲自拜访，很难想象满头白发、斯文儒雅的庞川校长只有

50 来岁，可想而知他在工作中倾注的心血。他总是说，教育是一种社会责任，他非常开心自己能尽一分力。

吴在权：浸润在墨香里的家国情怀

"知人者智，自知者明。胜人者有力，自胜者强。"吴在权老先生是澳门的一位企业家，同时也是一位书法家，他经常用老子的这句话来寄语澳门的莘莘学子。

在澳门罗理基博士大马路的办公室里，长方形玻璃下细心存放着吴在权青年时期参加社团活动的照片，墙上挂满了书法作品。

吴在权精通"书道"，以马王堆出土的帛书为临摹本，研习帛书。

马王堆出土的帛书内容涉及战国至西汉初期，已有 2000 年左右的历史，那时，正值中国文字发展史上最重要的隶变时期，故其独特的书体风格、特殊的历史地位和巨大的艺术价值，吸引着吴在权对其临摹、研究和创作。吴在权举办的书法展不仅传承传统书法，还融合时代精神发展。他的书法内容也十分接地气。

如书法个人展《我国的朋友遍天下》，就是以配合国家讲好"中国故事"为主题，以中国外交成就为主要内容；以庆祝澳门特区政府成立 20 周年为主题的《盛世芳华》，内容以澳门回归后取得的各方面成就为主；而其举办的《医疗预防健康养生》《澳开世遗融入湾区迈向世界》《薪火青年创融湾区》等书法展主题同样个性鲜明，起

| 吴在权

到一定的教育及科普作用。

书法展上那些或娟秀或苍劲的作品，像吴在权老先生本人一样，给我们留下了深刻印象。

一菲手记：

"江汉曾为客，相逢每醉还。"

穿梭在大三巴牌坊与哪吒庙的人潮涌动中，感受着异域风情与本土文化的水乳交融，让我们想起季羡林先生当年访澳后留下的文字："澳门是好地方，面积不大，人口也少，但是却蜚声全世界，原因是显而易见的。在400多年以前，许多赫赫有名的向中国和其他一些东方国家传播西方的宗教和科技艺术的人物，很多都是先从澳门登岸，然后逐渐散向中国内地。当时弹丸之地的澳门，仍然是东西双方互相了解的窗口。"

400多年后的今天，澳门赤子迎来了大湾区时代，我们期待这个历经了沧桑巨变的双向窗口将继续发挥多元文化和社会经济发展纽带作用，积极传播中华优秀文化，讲好澳门故事。

澳门升起的第一面五星红旗

每逢星期一早晨 8 点，澳门濠江中学附属英才学校的操场上，会如期举行升国旗仪式，几十年来风雨无阻。一张张朝气蓬勃的脸望向国旗，用标准的普通话唱响中华人民共和国国歌，声音稚嫩却铿锵有力。

很多人不知道的是，每周一固定的升旗仪式，在这里延续了 75 年。五星红旗之所以能在这里升起，背后还有一段惊心动魄的故事。

初冬细雨氤氲，亚马喇马路很安静，坐落于此的濠江中学有着 90 多年历史，外表有些陈旧，在雨中的它更显隐蔽。

在校门口，我们见到了校长尤端阳先生。尤校长西装革履，精气神十足，看不出已年过古稀。

他带着我们走进了古香古色的校史馆，满墙泛黄的老照片将 90 年风雨往事娓娓道来。

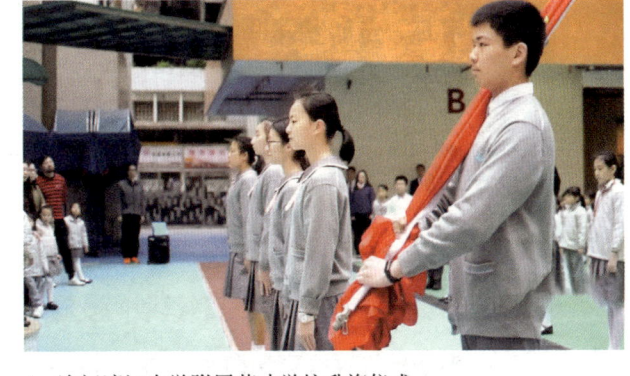

澳门濠江中学附属英才学校升旗仪式

濠江中学创办于战火硝烟中，最初的校址在天神巷，小山岗推平后建成了教学大楼，足球场是原来的汽修厂……这是一所以爱国、爱澳、为社会培育人才为宗旨的学校，目前已成为澳门特别行政区办学规模最大的中学之一。

我们注意到，尤校长在一张老照片前端详许久，简陋的小楼屋顶，

濠江中学 1949 年 10 月 1 日升旗仪式

杜岚夫妇

隐约看见几个学生模样的男孩子，正将国旗升起。尤校长告诉我们，这一幕发生在 1949 年 10 月 1 日。

那天下午 3 点，当五星红旗在北京升起时，伴随着收音机里播放来自天安门的国歌，濠江中学全校师生升起了亲手缝制的五星红旗，也是澳门的第一面国旗，从那以后，升国旗成为学校不变的传统。

当时，澳门正处于澳葡政府统治下，濠江中学师生如何顶住压力，举行升旗仪式？这不得不提濠江中学首任女校长杜岚，也是尤校长的岳母，这层亲情关系也让他了解到了杜岚校长很多不为人知的故事。

出生于陕北农民家庭的杜岚，原名叫杜芳铭，之所以改名，就是想做那无惧山岚瘴气，放射光芒的明媚朝霞。杜岚中学时代开始参加革命活动，曾被称为"陕北最勇敢的女孩"。

杜岚与著名教育家黄晓生结婚后辗转搬到澳门。

濠江中学由黄晓生在澳门的姑母创办，日本全面侵华战争爆发的那一年，黄晓生出任濠江中学校长，杜岚则任教员。4 年后，香港沦陷，日本控制澳门，濠江中学也面临重重困难。当时，杜岚不惜典当结婚金戒指、金项链和贵重衣物，还带着学生上街募捐，坚持办学。

新中国成立的前一晚，杜岚激动得无法入睡。她连夜托人从广东中山购买了红布和黄布，按照报纸上的五星红旗样式进行剪裁、针绣。虽然不太标准，却是当时形势下唯一的一面五星红旗。

第二天，澳葡政府闻风而动，警察气势汹汹跑到学校，意图阻挠这场升旗仪式。

1999年澳门回归祖国当天，87岁的杜岚再次升起了五星红旗

"我们是中国人！新中国成立了，为什么不能在中国的土地上升中国的国旗？"面对杜岚校长的反驳，澳葡政府不得不退步，允许升挂一天，但杜岚老校长坚持让五星红旗在澳门上空高高飘扬了整整三天。

讲到这里，尤校长停了下来，他想带我们去见一个人。

90多岁的谭备是濠江中学的老校友，住在离学校不远的一个居民区。杜岚老校长顶住压力，升起第一面五星红旗的时候，年仅15岁的谭备正是护旗手，见证了历史性的时刻，"那个时候我年纪很小，在濠江中学读书，读到初中，人家叫它红色学校，濠江中学还没有高楼大厦，就是一个小小的广场升旗点"。

"起来！不愿做奴隶的人们！把我们的血肉，筑成我们新的长城！中华民族到了最危险的时候，每个人被迫着发出最

尤端阳校长（左）、笔者（中）拜访谭备老先生（右）

后的吼声,起来!起来!起来!"

即便时间过去了 70 多年,每一句词,每一个旋律,老人家都熟稔于心,国歌在嘴边唱响,眼泪却湿了眼眶。那不仅是属于谭备的峥嵘岁月,也是所有濠江人铭记在心的时刻。

千禧之年,尤端阳接过杜岚校长的接力棒,成为濠江中学的校长。他始终牢记"爱国爱澳"的办学宗旨,不仅希望通过升国旗、唱国歌、认识国徽来教育孩子们要热爱自己的祖国,他还亲自教授书法。

漫步在濠江中学的校园里,随处都能感受到传统文化的浓烈氛围。聚贤亭的楹联上写着"好学精研涉猎古今中外,勤攻善读浸淫春夏秋冬",以竹简为原型的书法走廊往外延伸,呼应了小桥流水、亭台楼阁的幽静空间。濠江中学也是港澳唯一一所"兰亭中学"。

"每天早上的 7 点 45 分到 8 点 15 分,都有 60 位同学练书法,每天都如此,我觉得我们是中国人,就必须写好自己的文字,这样才像个中国人。"

濠江中学开辟出书法室,将书法作为正规课程,从小学三年级到初中二年级开设,每周必有一堂。平撇、反撇、长提、短提……讲台上,尤端阳校长一笔一画讲解着技法,同学们端坐其下,在一遍遍的练习中,体悟着汉字蕴含的力量。"文字是一个民族的基因密码,通过对汉字的书写认知,可以让孩子们感受到中华文化的独特魅力,进而强化身份认同。"

尤端阳精通行书、草书、隶书,近几年他又开始研究小篆,每周他都会抽出时间,陪伴学生练

| 笔者与濠江中学现任校长尤端阳(左)

习书法。节目拍摄时，他挥毫写下四个字："澳门赤子"。

尤校长告诉我们，其实早在1985年，杜岚老校长就开始在学校里推行普通话教学，老师还要参加培训，通过普通话测试。到现在，老师们甚至习惯了用普通话进行日常交流。

笔者（右）与濠江中学附属英才学校的孩子们

承前启后，尤校长继承前辈"讲好中国话"的优良传统，再将"写好中国字，当好中国人"的当代使命铭记在心，并付诸行动。

位于凼仔成都街的附属英才学校，是濠江中学创办的分校部。

2019年六一儿童节前夕，濠江中学附属英才学校的小朋友们给习近平主席写了封信，邀请习主席来澳门看看，还精心绘制了彩笔画。

"习爷爷我告诉您一个小秘密，我们以前不太了解什么叫祖国母亲。通过学习'品德与公民'和广东姐妹学校的同学交流，我们渐渐懂了。爸爸妈妈常说，你们现在的条件太好了，回归前学校设施简陋，学费要自己交，有些人交不起学费就不能上学。现在我们读书不仅不用交学费，还有文具补贴，除了在课堂上学习，我们还有弦乐团，有艺术活动，多幸福。我们一定会听从您的教导，珍惜今天的美好生活，好好学习。德智体美劳全面发展，长大以后，把祖国和澳门建设得更好。"

让孩子们惊喜的是，他们很快收到了一封来自北京的回信，落款人：习近平。

"今天我是如约而来。"

半年后的这一天，当师生们听到习近平主席的这句话时，都热烈地鼓起掌。在附属英才学校，习主席观摩了以"'一国两制'与澳门"为题的中国历史公开课后，意味深长地指出，相信澳门青年人必将成为有为的一代、值得骄傲的一代，成长为澳门和国家的栋梁之才。

那一天，濠江中学还获赠了 1500 本《四库全书》及其他书籍，尤端阳校长特意以"文熙阁"来命名这座阅览室，他希望来此学习的孩子们都将拥有开阔、光明的未来。

尤校长边翻阅书架上的经典古籍，边对我们说："当时听完习主席的一番话，作为教育工作者，我深感责任重大。我们还要继承杜岚老校长的爱国主义精神、继承她的教育思想，把我们中华优秀传统文化传承下去，把濠江中学办得更好。"

"三尺讲台，三寸舌，三寸笔，三千桃李；十年树木，十载风，十载雨，十万栋梁"，历经 90 多年风雨洗礼的濠江中学已成为澳门的一个文化品牌，它将润物细无声地哺育一代又一代。

一菲手记：

华灯初上，我和尤校长漫步在濠江河畔，对岸就是灯火闪烁的横琴自贸区。尤校长动情地说道："现在我们教育学生要把眼光放宽一点，要融入祖国的发展中，大家都讲中国速度，都希望祖国明天会更好，祖国好了，澳门就更好……"

听完尤校长的肺腑之言，我忽然想到爱国诗人文天祥曾经写下："臣心一片磁针石，不指南方不肯休。"

人对家国的眷恋和依依深情，会像磁石一样，无论经历怎样的跌浮和震荡，都会坚定不移地指向心中的方向。

桑梓情深赋陈皮

"乡愁是一片被岁月珍藏的老陈皮,我在这头的美国三藩,妈妈在那头的香港。那时交通不便利,我很长时间才能回一次香港,妈妈每次来美国看我,都会带些干货煲汤给我喝,汤里会放一块陈皮,在我眼里,那是故乡的气息。"就着面前刚刚煮好的陈皮普洱茶,吕耀华讲起了他的陈皮记忆。

祖籍广东江门新会的吕耀华,是香港嘉华国际集团有限公司执行董事,他的父亲是有着"石矿大王""酒店大亨"之称的吕志和博士,身家曾位居亚洲富豪榜前三位。声名赫赫的吕氏家族,处事一贯低调,而在讲到家乡的陈皮时,他们却有说不完的故事。

江门包括早期的新会、台山、开平、恩平、鹤山五个县,因古时县称为邑,又称五邑。100多年来,为了生计和梦想,人们从这里走出去,到海外各地打拼。发展至今,江门本地人口有400多万人,旅居世界100多个国家和地区的五邑籍华侨华人、港澳同胞也有400多万人,江门因此被称为"中国第一侨乡"。

时光追溯到19世纪中期,美国、加拿大等国家金矿的开发及北美

| 香港嘉华国际集团有限公司执行董事吕耀华

太平洋铁路的修建急需劳动力，消息传到五邑，本地的青壮年男子"谋食外洋者，十之七八"。吕耀华告诉我，从他父亲吕志和的曾祖父起，吕家便随着这批敢于冒险的人远渡重洋。

江门的上川岛最为人熟知的是南海碧波出芙蓉的景色，这是广东沿海最大的岛屿，也是海上丝绸之路的重要枢纽，成书于16世纪的航海秘籍《顺风相送》中也有不少关于上川岛的航路记载。如今，岛上散落了葡王柱、传教士墓园、烽火台、摩崖石刻等著名遗迹，默默

| 曹景行在江门

| 上川岛景色

记录着时代变迁中的风云往事。富有开拓精神的五邑人从这里出发，穿越64%死亡率的生死线，远赴美国、墨西哥、东南亚等地，踏上前途未卜的漂泊之旅。

远走他乡的五邑人没有财产，没有家当，行囊里最珍贵的就是家里晒干、存放多年的老陈皮。那时，人们挤在暗无天日的甲板底层，靠着一块陈皮来缓解长时间颠沛流离的晕船、呕吐。

五邑华侨身在海外，地位卑微，被迫进行长时间的重体力劳动，忍

受着骨肉分离的痛苦。然而，哪怕食不果腹，他们也会将所有积蓄寄回去，除了供养家眷外，还以微薄的收入贡献家乡。

江门籍旅美作家刘荒田在《金山箱》中这样描述："告别时妻子是披着红盖头的娇羞新娘，归来时见到的却是龙钟老妇。老屋犹在，送儿远行的父母如今被神龛上的线香供奉着。失去的一切，拿什么补偿？就是靠金山箱，它所连带的气派，向村人宣告：这一趟金山没白去！"

吕家在美国历经三代打拼，至吕志和的父亲吕金铨这一代举家归国。战乱时期，吕家移居香港，20多岁的吕志和抓住战后香港大力发展的机……，兼于建材领域不断渗透进地产开发领域，后来寻找假日酒店集团合作涉足酒店行业，一步步壮大家族产业。

吕耀华告诉我："战乱时期，日本占领了香港，要求学生学习日文，父亲坚持不学日文，丧失了读书的机会。事业成功后，为了给更多年轻人提供读书机会，重视教育的父亲回到江门筹建了五邑大学，回报故乡。"

感念故土恩情，成为吕氏家族的家风。

吕志和将长子吕耀东送往美国留学，选择攻读与地产领域相关的工程硕士学位。临行前，他叮嘱儿子："我送你去美国念书，希望你能学到更好的东西。但你是中国人，有一天国家需要你了，香港需要你了，你应该回来。"

香港是19世纪五邑人出海谋生的重要中转站，有不少人念及海外遥远，危险重重，就留在了香港打拼。据说，每五个香港人里，就有一位籍贯在江门五邑。

香港的高升街有130年历史，也叫药材街，是五邑人的聚集地之一，他们带来了家乡的陈皮，并以此起步发家。穿行在这条街上，随时都有一股浓郁的药材香味扑面而来。高升街鳞次栉比的店铺里藏着一家刘全记，它跻身街道的拐角处，并不十分起眼。刘全记创立于乾隆年间，到现在已经有两三百年的历史，一直经营陈皮等中药材。如今，新会陈皮大多是通过刘全记出口到海外的，在这个不到30平方米的小店里，陈皮一年的销量超过了5吨。

对于店老板庆哥而言，一块家乡的陈皮，饱含的味道和记忆、文化与情怀，一代传一代，传到手上的不止是一块小小的陈皮，还有祖辈的拼搏精神，这种传承就好像陈皮一样，时间越久越光辉。

陈皮不仅是庆哥这个家族的味道记忆，也吸引着无数来港打拼的五邑人，他们知道，在庆哥店里，总能买到最地道的新会陈皮。吕家也经常光顾刘全记，"陈皮普洱的味道很清新，刘全记每次有新货，都会买些回来，我们家族几代人都保持着用陈皮的习惯。"

吕耀华告诉我，最近几年，他一直在尝试让新会陈皮融入不同地域的菜系中，吕家在澳门的银河酒店，就有厨师着迷于陈皮的不同吃法，做出了一桌陈皮宴。

比起香港，澳门和五邑在地理位置上更加接近。五邑中的台山市海岸码头距离澳门仅有48海里（约89公里）。在澳门生活的五邑人占了总人口的三分之一，五邑籍联谊公益社团数不胜数。

涂志祥是银河酒店的一名厨师，来自马来西亚，他告诉我们，银河酒店的老板，也就是吕家人，最爱陈皮红豆沙这口清香绵密，90多岁的吕志和先生到现在还经常吃。他们反复叮嘱涂志祥，不要局限于几道传统的陈皮菜式，要开发新的口味，让陈皮的味道被更多人接纳和喜爱。

拍摄当天，来餐厅用

| 笔者（左）采访香港嘉华国际集团有限公司执行董事吕耀华

餐的客人中也有一位厨师，来自意大利，这是他第一次吃陈皮。陈皮的口感让他很惊喜，他迫不及待托人把涂大厨找来请教。意大利厨师认为陈皮的味道很好，他想把陈皮加进经典法式甜品提拉米苏，开发新口感。

因为吕家人对陈皮的喜爱，这位来自马来西亚的顶级厨师，投入陈皮吃法的钻研中，继而又在澳门这个"一带一路"的桥梁纽带之城，中西融汇的地方，用一片陈皮烹制"和而不同，美美与共"的盛宴。

陈皮发展到今天，早已超越了药食同源的自然价值，它寄托了数万华侨和港澳同胞对故乡味道的羡慕，

节目拍摄期间，恰逢"吕志和奖—世界文明奖"颁奖典礼，这个由吕志和博士一手创立的奖项，奖金是诺贝尔奖的两倍，它跨越国界，不分种族、信仰，在全球范围内设置三个奖项类别：持续发展奖、人类福祉奖、正能量奖。袁隆平院士曾获得持续发展奖，"敦煌的女儿"樊锦诗曾荣获正能量奖。

正如吕志和博士所言："上善若水，水善利万物而不争，文明亦若

| 吕志和奖颁奖典礼

水,润物而无声。吕志和奖—世界文明奖就像一滴水,我们将以滴水穿石的精神,为建立更加和谐的社会而持续努力。"

曾有人评价,这是中国人在世界播下的一颗仁慈的种子。

父辈功成名就后不仅回馈祖国家乡,还将仁慈的种子撒向了全世界,这是对下一代最深刻的言传身教。近些年来,吕耀华在经营家族生意之未,投入最多心血的就是给香港青年提供创新创业平台,他被委任为香港广东青年总会第一届常务副主席、粤港澳大湾区青年总会荣誉顾问等职务。他常常带香港青年来内地交流,希望他们以粤港澳大湾区为平台,抓住"一带一路"发展机遇,真正成长起来。"我回到香港是1984年,一直留意祖国的发展,广州、深圳,真的非常惊人,还有我的家乡。年轻人应该把握机会到大湾区发展。"

澳门科技大学副校长庞川如此评价,人心融合是大湾区发展的关键,而吕家对于香港青年融入湾区作出了卓越贡献。

雨后的海风潮湿温润,水面的高架桥在氤氲朦胧的空间里无限延伸,喝完最后一口陈皮普洱茶,吕耀华走到窗边,视线看向了更远的远方。

一菲手记:

"红豆嵌玉饼,明月寄长情。"

陈皮的制作像极了时光的酝酿,又像极了漂泊和沉淀的人生况味,最终成就了甘甜、唇齿留香的记忆。

世代离乡背井的海外游子们,一包陈皮,一瓣心香,数不清的江门先辈,讲不完的漂泊故事,都如身在家,心在乡……

在岭南,在江门,我们的镜头从陈皮的故乡穿越历史的帷幕,饱含深情地记录了那份血浓于水的赤子情怀。

凤鸣铿锵

有时候，知识传播比知识生产更有价值。古老的东方文化诞生了无数的先知，他们的思想跨越千年，也跨越了space……更有具体的人去承载，也更需要有人去穿针引线。

我们的镜头聚焦在两位东方女性使者身上。

在蒋颖众多的学生中，阿曼达是最具代表性的外国学生之一。

这位澳洲画家与中国的碰撞源自一场偶遇：一个下雨天，她在一摞废弃的书中偶然翻看到了英文版的《浮生六记》和几本

蒋颖

介绍禅宗的书籍，随着阅读的深入，崭新的世界如同一幅卷轴在她面前徐徐展开。

阿曼达说不是她选择了中文，而是中文选择了她。为了读懂、理解陌生而使她痴迷的世界，阿曼达坚持在西澳孔院学习了5年汉语，并频繁地到中国内地旅行，艺术交流，她的足迹遍及上海、广州、深圳、成都，她对四川青城山幽静、深邃的禅意山景乐不思归。

美丽的珀斯是西澳大利亚州首府，西澳大学与浙江大学合作，在这

| 蒋颖（右）

里建设了全澳第一所孔子学院——西澳大学孔子学院，迄今已有 18 年的历史。

在年轻的女院长蒋颖的印象中，在西澳孔院学习汉语的外国人，除了艺术家、企业家外，还有位诺贝尔奖得主马歇尔教授，他是西澳大学临床微生物学教授，因为发现了幽门螺旋杆菌及其在胃炎和胃溃疡等疾病中的作用，曾被授予诺贝尔生理学或医学奖。

有一次，马歇尔教授到中国郑州开会，他了解到黄帝与《黄帝内经》的传说，相传郑州是黄帝的故乡，他对学习汉语产生了浓厚的兴趣，开始在西澳大学孔子学院学习中文，希望能更好地理解中国的中医文化。

蒋颖本是在传媒和公共关系领域研究了 13 年的学者，与孔子学院的首次接触，是在首届澳洲赛场"汉语桥"的活动中。那场活动给她留下了深刻且美好的印象——每个赛区的外国大学生普通话都说得很好，包括她的澳洲搭档主持；在演讲和才艺比赛中，他们熟练地引经据典，将书法与汉字的故事融会贯通。

自此，她与孔院结下了深厚缘分。

令我们意外的是，蒋颖作为一个中国人，竟会被委任为外方院长。孔子学院普遍采取中外合作办学的模式，由一中一外两位院长共同主持工作。蒋颖本身在西澳大学任教，出于对汉语言文化及当地文化的了

令蒋颖院长颇为自豪的是，孔子学院给世界各地的汉语学习者提供了规范的现代汉语教材和汉语教学渠道，"西澳州和中国的贸易及人文合作很多，孔院的语言教学为他们量身定制商务汉语的培训课程，借此增强他们对中国的了解和认识。我们对教职工把关非常严格，每一位老师上课，最后都会有评审，总结对下一季的进步和调整。我们没做课程推广，依靠授课老师们的努力，在当地赢得了专业的口碑"。

"说起澳大利亚，人们的第一印象肯定是沙滩和海浪，袋鼠和考拉。出发来西澳州之前，我也对这块土地有着这样的印象，我首先抵达的城市是珀斯，它被称为这个世界上最孤独的城市，因为附近再无第二个相当规模的大城市做伴。这里没有国内繁华的城市夜景，生活也不如国内便利。但是珀斯有蜿蜒的天鹅河穿城而过，城里城外绿树掩映，正是我心目中典型的澳大利亚城市。"

这是到孔院当志愿者助教的老师写下的一段文

| 西澳大学孔子学院

字。他们也会走出孔院，以寓教于乐的方式与孩子们互动。比如六一儿童节，在苏比亚科图书馆汉语活动中，孔子学院的老师们先给小朋友唱了两首中文童谣《蜗牛与黄鹂鸟》和《雷欧之歌》。考虑到大部分小朋友都没有中文背景，两首歌都设计了相应的手势动作，让小朋友们边唱歌、边比画。随后，老师们弹奏起古筝，模拟水的声音，将描绘大自然的绘本故事《忙碌的水》的内容表达出来，并鼓励孩子们去联想水在大自然中存在的不同形式，如潺潺流水、澎湃大海、疾风骤雨等，让他们身临其境感受汉语言的韵味。

西澳孔院犹如当地人打开观望中国风景的一扇窗，透过窗户望去，中国的传统文化不仅只有书法、剪纸、武术、中医等，还有许多因时代变迁衍生的新生事物。

蒋颖从 2016 年开始在孔院举办"对话中国"的系列讲座，以国际视野的多元角度，吸引来自中国、澳大利亚的知名专家、学者、政府与工商企业的高管们积极参与讨论。

一季度一期的"对话中国"堪称孔院的"坐而论道"。就公众关注的中国热点话题，从学术、政治、经济、文化等多角度各抒己见，用数据说话，传递事实，让大家去判断，这对促进澳洲人细致深刻了解中国，具有一定的推动作用。

逢年过节，蒋颖还会连线在新加坡、越南的华侨们，联动别国的文化互动做加法，"文化自信蕴含了对他国的尊重，在汉语培训这块，存在不是替代别人，孔院不会去挤压别的高校生存空间，而是与别人一起做加法，在多元共生中寻求共赢的发展通道"。

"我生活在这里，工作在这里，让更多的澳大利亚人接触汉语、喜爱汉语，这里于我，也是一种'诗与远方'。"这是作别西澳孔院的一位老师的肺腑之言，想来，这也是孔院在西澳的价值所在。

梁广寒：孔子学院是中国走向世界的名片

2015年的夏天，傍晚5点，热带季风吹过脸庞，留下潮湿的痕迹。梁广寒带着5岁的女儿抵达马尼拉国际机场。她此行的目的地是菲律宾雅典耀大学，不久前她被选为该校孔子学院中方院长。

由雅典耀大学和中山大学合作创立的孔子学球第12所孔子学院，至今已走过17年，目前开设了汉语国际教育硕士项目，在菲律宾全岛下设了21个教学点，每年的注册学生达到18000余人。

第一次见到梁广寒院长，她安静地坐在咖啡厅

| 梁广寒

一角，长发过肩，温柔知性。2023年是她担任孔子学院中方院长的第八个年头，艰辛滋味与成就感在她轻声细语的讲述中，一一展现在我们面前。

抵达菲律宾之前，这个东南亚国家给她的印象与大多数国人差不多，经济相对比较落后，在菲的生活条件、工作条件、人文环境等各方面肯定比国内要差一点，这也是梁广寒一度犹豫要不要去当中方院长的一个原因，毕竟她的孩子当时只有5岁。

雅典耀大学孔子学院中方院长由中山大学委派，到梁广寒已经是第三任。当时，刚从麻省理工学院访学归来的梁广寒恰巧开辟了一个新的研究领域——公益传播，她立刻想到，孔子学院工作也是公益传播的一部分，同时她还可以研究国际传播理论与实践，这样的话，她去孔子学院除了继续学术研究外，还可以将自己的一些想法落地，这是一件很有意义的事情，她最终决定去尝试。后来证实，这对孩子来说也是一个体验不同文化的机会。

雅典耀大学孔子学院下辖校区位于马尼拉的CBD（中心商务区），距离马尼拉国际机场一小时的车程。梁院长抵达孔子学院的第二天就投入了工作，这离不开菲方院长的帮助和支持。

雅典耀大学孔子学院菲方院长Ellen H. Palanca（黄淑琇）博士是创始院长，在梁广寒的眼里，她是一位优雅的老教授，给予历任的三位中方院长非常多的帮助，更是一位非常优秀的合作伙伴。可以想象当初梁广寒带着年幼的孩子，来到人生地不熟的地方，必然面临很多困难，而Ellen H. Palanca院长不仅在梁她们母女到达之前就给她们安排好了住处，还在休息的时间来到学校专程看望她们，她特意嘱咐梁广寒，下个星期她们会到一个比较冷的地方开会，要多穿点衣服。此刻，身处异国他乡的梁广寒感受到了母亲般的关怀，这让她们之间的合作有了一个温暖的开始。

| 梁广寒（右三）与当地学生在一起

梁广寒把推广中文和中华文化、促进中菲民心相通作为最重要的工作，他国驻菲律宾使团、当地财团家族都有她的学生，有的甚至一家老小"组团"来孔子学院学汉语。

她格外关注当地的贫困学生。汉语学习是一个漫长的过程，耗费精力和财力，需要一定的经济支撑，对于大多数当地学生而言，很难获得学习中文的机会。

梁广寒院长说道："孔子学院觉得自身有责任，也有这样的胸怀去扶助对汉语有兴趣、对留学中国有向往的菲律宾贫困学子。"除中外语言交流与合作中心、中方大学等机构提供的多种留华奖学金外，孔子学院还开辟了当地市政府、大学、商会等本土机构支持的多种奖学金项

一些出色的菲律宾贫困学子，在学了一年多汉语之后可以达到脱稿演讲，甚至是演出舞台剧的水平，像这样家境贫困但是勤奋聪颖的孩子，学院会联系华商华企给予援助，为他们提供留学往返的交通补助。学成的学生，可以选择成为汉语老师，惠及更多的菲律宾学生，这也是一种接续反哺的过程。

"菲律宾中文教育最大的困难是严重缺乏汉语教师，因此，孔子学院不仅为一些学校提供免费教学，每年还举办全菲汉语教师免费培训，为汉语教育填补空缺。这个工作，我们已经坚持了14年，疫情三年也未曾间断。"

孔子学院硕士点的设立，是梁院长最引以为豪的事。她回忆到，这个过程十分艰难，开了无数次学院内部论证会、学校师生听证会、学术委员会、校董会和菲律宾高教委的论证会。这让梁广寒深刻体会到"合作共赢"的重要性。

她就任院长的三年后，由孔子学院、雅典耀大学教育系和雅典耀大学中国研究项目三个机构合作共同设立的"国际汉语教育（教育管理）"硕士项目终于开始招生，这是菲律宾第一个相关专业的硕士项目。

受疫情影响，直到2022年8月，该专业几届毕业生才得以在雅典耀大学参加硕士授予仪式，成为菲律宾第一批完全在本土培养的国际汉语教育硕士。那时，梁广寒在国内，隔着屏幕，她与学生们一样，激动

得热泪盈眶。

至此，孔子学院建立了完整的"汉语师范学历教育＋继续教育"体系。"这个模式是解决海外中文教育师资匮乏问题的根本路径，也使汉语搭载上公益的翅膀推向世界。"

梁院长在深入了解菲律宾之后，发现当地不少民众对中国持有不太好的刻板印象，包括对中国经济发展现状和社会环境等多方面的认知不完全。因此，她非常努力地把更加真实、立体、多元和客观的中国展示给她的外国学生和朋友。她认为中菲两国的人文交流不应该是单向的，孔子学院作为两国教育与文化交流的枢纽，应该是双向交流，只有在两国人民互相了解的基础上，才能真正实现民心相通。因此，她做孔子学院中方院长的这些年，同时也努力把菲律宾的社会现状、文化特色传递到中国。

在采访快要结束的时候，梁院长还告诉了我们一个消息，她还在干一件跟我们的工作一样的事情。由她策划和执导的纪录电影系列《寻找苏禄王》正在制作中。

这是一个与中国息息相关的故事。

明朝永乐十五年（1417年），苏禄国（今菲律宾的苏禄群岛）三王曾率眷属及侍从340人，远渡重洋访问中国，受到明朝永乐皇帝盛情款待。在回程途经德州时，东王巴都葛叭答剌病逝，王妃和两个儿子留在德州守墓并定居，其后裔在清朝获得中国国籍，东王后裔迄今已传至二十一代。

而这一段动人的历史在两国青年中却鲜有人知。梁院长的纪录片能够让年轻的华人加深身份认同、血脉记忆，也向菲律宾本土青年展示自己的国家与中国有着怎样的历史渊源与和平相处的历史。梁院长感慨道："这部片子就像我的第二个孩子，我会一直把它做下去。"

2019年，梁广寒获得了孔子学院全球杰出个人奖，全球仅有五个中方院长获此殊荣,梁广寒坦言:"这说明国家非常认可我的工作。但我的工作都是建立在过往历任院长的基础上,我只是继续把它发扬光大了。"

周虽旧邦,其命维新。正是因为有像蒋颖、梁广寒这样一批又一批的传道授业者,长年坚持不懈地传播文化,才使得人类的文明在相互的理解与交融中获得新生。

一菲手记:

有两位代表东方的使者,像两颗蒲公英的种子,漂洋过海,在异国他乡落地生根。这两位有着不同气质的中国女性,在我们的镜头前各自舒展着文化的魅力。

她们是中国文化的传播者与知识的搬运工。

不论是雷厉风行的蒋颖院长,还是温柔知性的梁广寒院长,她们以高度的责任感奉献出自己宝贵的青春,为中国古老的传统文化在异国他乡的传承与弘扬做出了非凡努力。

桃李不言,下自成蹊。

祝愿她们在海外的工作、生活完满幸福!

从"外"到"内"

——从女外交官到身心疗愈师

与李丹约见的那天,深圳飘着细雨,寒湿的空气让人不自觉掖紧了衣角。

而一走进深圳市国际交流合作基金会(以下简称"基金会")的办公室,暖色的灯光、窗明几净的茶室、精心修剪的绿植瞬间驱走了寒意。

李丹就任基金会秘书长之后,将办公室进行了重新设计、布置,她希望这不仅是一个办公场地,更是一个能让人放松下来,进行心与心交流的场所。

李丹不紧不慢地斟茶、聊天,优雅从容。就任基金会秘书长之前,李丹曾在中共中央对外联络部(以下简称"中联部")从事西亚北非地区政党外交工作多年,是一位名副其实的外交官。谁知此后,她身上又增加了很多标签——资深瑜伽老师、运动品牌形象大使、公众号专栏作者、瑜伽机构创始人以及两个孩子的妈妈。已过不惑之年、每日忙碌的她,身上

| 李丹

看不到太多岁月的痕迹。

18岁那年，李丹从人口大省河南考进了中国人民大学国际关系学院，毕业留校两年后，又一路过关斩将，通过国考进入中联部。她说："我从小就很乖，不是刻意被压制，而是我本身就很自律，比较争强好胜，所以在学习和其他各方面对自己要求很高，一路走的是典型的学霸路线。"

西亚北非地区几乎都分布在"一带一路"沿线，所以做这一地区的政党、政治组织及政治力量的工作，广交朋友，深化共识，促进合作显得尤为重要。政党外交重在交朋友、讲故事，归根到底是做"人"的工作。通过理念交流、文明对话，增进中国与世界的相互理解，培养更多知华友华力量，促进民心相通。

外交事关国之大者，外事无小事。每一个外交行动背后都是大量事无巨细的工作，既要有战略眼光，能够通过长期的追踪准确研判国际和地区局势，又要把这些研判体现在出、来访工作的每一个细节中，让外国友人感受到不同民族、文化、制度背后统一的人文关怀。这是李丹10年外交官生涯的感悟。

外交官的工作忙碌、充实，李丹干得得心应手。然而，36岁那年，她迎来了人生"迟到的叛逆期"，告别了令人羡慕的外交官身份，选择了一种更加贴近"自我"的生活方式。

李丹常常思考，"能够做到'道'上不迷失、'术'上不畏惧，就是一个通透的人"，身处信息爆炸、消费主义盛行的时代，人们容易失去客观中立的判断，被信息、环境所左右，会迷茫、焦虑、痛苦。因此，长期习练瑜伽的她开始孜孜不倦地探索瑜伽哲学。在她看来，基于印度文化的瑜伽哲学强调"梵我合一"，与中国传统文化追求的"天人合一"异曲同工。印度的"梵"和中国的"天"都代表着一种至高无上的存在，不是某个神，而是一种力量。而瑜伽和道家养生法也极其相似。

她转行做了瑜伽老师。

李丹回忆到，在老一辈的眼里，放弃外交官的身份，意味着放弃了受人尊敬的职业和稳定的生活。她成长于一个传统的北方家庭，爷爷辈都曾是军人，父母也在体制内工作，是典型的"公务员家庭"，所以父亲对她突如其来的"叛逆"难以理解，在很长一段时间里，父女俩没有说过一句话。

但在李丹看来，这并非与她之前的工作背道而驰，不论是瑜伽老师，还是外交官，归根到底是在文化认同的基础上，促进人与人的交流。

随着她在习练和传播瑜伽道路上越走越深，她更加强烈地感觉到，瑜伽最大的魅力和功效在于，指导人"入世"，学会在复杂的环境和压力下坦然处之，更好地服务社会。

两年前，李丹接棒担任了深圳市国际交流合作基金会的秘书长。这是从事城市级国际交流合作的 NGO，在国内首屈一指，由知名企业家、

| 李丹（左）与万科集团创始人王石（中）、深圳大学教授王婷（右）交流

万科集团创始人王石担任主席。

　　作为民间外交的重要力量，深圳市国际交流合作基金会希望通过交流对话，携手深圳经济、文化、艺术、学术等广大民间社会力量，共同推进深圳的对外交流合作，支持和参与"一带一路"沿线国家的民生建设，让深圳走向世界、让世界走向深圳。

| 深圳市国际交流合作基金会"深系澜湄"项目走进老挝

　　在2023年2月初举办的"全球运河赛艇穿行——双碳同行者百城计划"启动仪式中，李丹将自己的身心疗愈理念融入活动环节中，让与会的各国外交官、企业家体验了感知身心的冥想之旅。

　　李丹相信，民间外交重在民心相通，通过深入人心的方式打破文化、地域、宗教、意识形态的障碍，围绕人们对美好生活的共同向往，追寻共识。

　　李丹告诉我们，她觉得她在工作中实现了人生所有经历的交集，既是使命所在，也是兴趣使然。在她看来，无论是外交工作，还是瑜伽习练都是与人性、与身体、与意识、与心灵沟通对话的桥梁。

远处是一个女外交官的背影，眼前是一位瑜伽的心灵导师，李丹把这两重身份叠加在一起，重新在民间国界之间寻找穿梭的路径，这是一段多么奇幻的人生，我们在赞叹之余，唯有一份美好的祝愿。关于李丹，我们还有很多话要说，然而此刻，我们只想以祝福道一声再见。

一菲手记：

你站在桥上看风景，看风景的人在楼上看你。

每个人都有各自的梦想，然而在现实面前，这些梦想大多都成了缤纷的落叶。但是李丹可不是这样，她是一个把梦想铺平为甬道的人。

我们很难想象这位中国人民大学的高才生，带着光环从事着祖国的外交事业，生活在亲朋好友的赞美声中，却华丽转身，选择了做一名瑜伽疗愈师，这样的转变必然经历了绝无仅有的个人体验与心路历程。

当她把这些经历与民间外交结合在一起，她的人生又是一番瑰丽景象。我们能够从各种鲜活的交流互动中，更加清晰地看到李丹眼中的世界：无论何种民族、宗教、文化，终极目标都是对真善美、对幸福的追求，一切有关人类福祉的事情都终将被认同。

从外到内，再从内到外，李丹的人生就是一道风景线。

第三篇
美美与共

加缪曾经说过，不要走在我的后面，因为我可能不会引路；不要走在我的前面，因为我可能不会跟随；请走在我的身边，做我的朋友。

我们这个世界从来不缺少孤勇者，但是携手相行才能够抵达更遥远的未来。

虽有智慧，不如乘势；虽有镃錤，不如待时。

总有审时度势的慧眼，能在纷繁变化的格局中寻找到商机；总有超凡的创意，能在异质空间中脱颖而出获得跨国文化的认同；总有一往情深的逐梦者，用自己的双脚加入到前行中的中国；总有一种召唤来自海角天涯，让人怀揣梦想走向诗与远方。

造城记

在我们的脚下，一切将会变得不一样……

两个互不相识的陌生人在这里相遇。

一位是中新广州知识城合作事务办公室副主任徐晖，另一位是居住在黄埔九佛的女大学生钟咏妍，他们都在赶往造一座城的路上。

钟咏妍在自己的日记里这样写道："2010年中新广州知识城奠基，刚好这一年我第一次离家出远门上大学。从村里找车出发到镇龙，搭上了去广州市的广增线，到达天河客运站才能搭上通往学校的城际包车。2010年国庆是上大学后的第一个假期，从学校赶回家里，七天的假期有点闷，踩着自行车从家里往北走。北边听说变化很大，一下子双向八车道腾空而出，道路两边的绿化带，已静悄悄铺上，从前乱糟糟的零散水塘和无人打理的荒草丛被推平了，一座不太华丽也不太简单的展厅孤独矗立，路上的泥头车不慌不忙地劳作着，九佛开始变美了，这是我对知识城最初的了解。"

记录下家乡变化的钟咏妍，估计当时也未曾想过自己能在这片土地拼搏青春。同样，徐晖也是如此。在2011年8月，完成广州亚组委赛事后续工作的他被马不停蹄安排到中新广州知识城项目办上任。

谁都知道知识城的位置不占优势，车子刚开进来，手机信号立即中断，徐晖心中直打鼓，这座被中新两国国家领导人寄予厚望的知识城，真能建成吗？

建造一座体现知识就是财富，彰显商业奇迹的致富经济之城；是知识要素投入开发、交易保障的创新创意之城；是集聚世界性知识型高端人才之城；也是生机勃发、人与自然和谐共存的品味生活之城，这是广州中新知识城的建造愿景，是中新两国 2010 年在广州黄埔携手谋划的蓝图，共同建造一座理想之城，一座未来之城的目标。

10 多年过去，这座城如预期般拔地而起，站在中新广州知识城人才大厦楼上俯瞰，一座生机盎然的花园之城，映入眼帘。远处青山如黛，近处阡陌纵横，一栋栋摩天大厦镶嵌在翠湖碧波的自然风光里。

| 笔者采访徐晖（右）

在广州生活稍微久点的人都知道，中新广州知识城的所在地，在广州属于非常落后的村镇，毫不夸张地说，就是荒山野岭。谁能想到，会选在这里建设一座现代化之城。

时钟拨回 2010 年 6 月 30 日，中新广州知识城正式奠基。没人知道这座未来之城，能否如预期般建造完成，但是众多嗅到先机的人才已开始往这片充满可能性、挑战性的热土集聚。

徐晖第一次去知识城报到，他先去到城市规划展厅。这是当时唯一一个在知识城范围内像样的现代化建筑。

在展厅内，徐晖看到了大量落户知识城的国内外知名品牌的产品展示，同时还有不少具有超前理念的智慧城市应用场景，包括智慧家居、智慧交通、智能电网等。其中，一款叫"智慧镜子"的技术领先产品，令徐晖印象深刻。这款镜子能实现测体温、体重，调整刷牙感受的互动功能，使他真切感受到智慧城市即将呼之欲出。

其他环子组成的小屋

实施模块而成，只用于28天建成，高效的造城

中新广州知识城风光

速度令他惊讶，再看概念规划蓝图、布局沙盘时，这座超前的未来之城让他热血澎湃。

走出展厅，徐晖环顾周围，无人打理的鱼塘、芳草萋萋的荒山已不再是他的顾虑。时任中新广州知识城合作事务办公室主任的谭明鹤带着他到对面小山头的观景台熟悉知识城全貌，两人爬上山顶凉亭，登高望远，希望眺望未来，能让这个年轻人留下来。

毕竟，描绘宏伟蓝图的理想容易，现实世界的执行，可不是一蹴而就的豪言壮志，是需要从零到一的步步推进与跨越难关的坚持。

谭明鹤主任热情地说道："前有中新苏州工业园、中新天津生态城、中新重庆科技城作为参照目标，因此中新广州知识城是有例可援、有学习榜样和标杆的，可有大干一番的好机会。"

选择留下的徐晖，2012年初便跟着调研组去到苏州工业园学习调研。一行人，沿着金鸡湖考察，去到商贾云集的李公堤，选一家餐馆消费。看着眼前9平方公里的繁华湖景，商业、文化、艺术高度重合，这繁华程度与广州的珠江新城基本上没有差别。1994年才开始建设的中新苏州工业园，到2012年时，已走过18年的建设历程，配套设施成熟，具有良好的商业氛围。中新苏州工业园原来也是一片荒山野岭，也是一个从无到有、用一张白纸描绘、建设起来的繁华新城。

这次考察坚定了徐晖的信心，和团队、合作公司的同仁们一致坚信，假以时日，中新广州知识城的未来与现在的中新苏州工业园，应该平分秋色，即使是按照最低预期，这座城也能达到与广州科学城、广州市区的其他中心相提并论的水准。

　　徐晖更没想到，他在这片热土一落脚，一待就是十年。

　　2015年前，广州市区到中新广州知识城的基本交通工具只有公交车，还是从市区的天河客运站出发，整个车程超过三个小时，那会儿没开通地铁，连的士都不愿意过来，嫌弃这里没法拉上回程客。

　　女大学生钟咏妍已经大学毕业，她选择了在离家近的中新广州知识城工作。她在自己的日记里写道："我在简历上写上了自己的实习意向：中新广州知识城！我就是想离家近一点，对于即将出社会面对很多未知的我来说还有一点点安慰。通知我正式去实习的那一天，被告知了一个不好的消息，上班地点根本就不是离家近的九佛，而是远在科学城揽月路上的知识城合作事务办。其他小伙伴都是一趟车就可以到达主要行政办公楼，而我还要转两趟车。找到办公室也是很不容易，一个门牌号对应好几栋办公楼，去到完全陌生的环境，见到不认识的人真的很不适应。"

　　从不适应到适应，"一张蓝图绘到底"，遇山开山、逢河搭桥，他们将踏上造城之路。

　　2018年，中新广州知识城开通了第一条地铁线，到如今有14号线、21号线双地铁及城际轨道，从这里到广州白云机场只需十分钟左右；就连高速也相继开通，花莞高

| 中新广州知识城风光

速直达机场，半个小时就能到；现在网约车已经非常熟悉知识城，打车通勤的人也多起来。

现在，中新广州知识城与工信部合作，建立国际数据数字枢纽运营中心，中国三大营运商都进驻在此，目前是5G通信网络全覆盖的样板城市，与曾经时不时信号就断掉的偏远小镇相比，俨然是天壤之别，发

这只是基础设施的变化，真正的变化是中新广州知识城正在逐步形成规模并成长为知识经济型发展平台。

2015年11月7日，是一个值得记住的日子。在国家主席习近平和新加坡总理李显龙共同见证下，中新国际联合研究院成立。这是一个开展国际一流的前沿重大科技研发、成果转化、引进科技创新人才的机构。按照中新国际联合研究院执行院长余龙教授所说："中新国际联合研究院就是想要提供一个多赢的平台或模式，打造出多赢局面。"

研究院主要是国际科技合作组织，是将华南理工大学、新加坡南洋理工大学这两所大学实验室的一些非常好的成果、非常有应用前景的成果，在这里进行一个放大、中试，然后推向市场。

第一期一共启动了24个项目，其中引进了两个新加坡的院士项目。比如研究院曾少华副院长主持研发的燃料电池项目，已经吸引到了工业界、企业界的兴趣，获得投资2000万元，通过这个平台，经费一部分会回到新加坡南洋理工大学继续投入研发，曾少华教授个人作为研发主持者也会通过项目获得收益，而参与投资的公司自然是该项目最大的受益者。

如今，研究院已经启动了食品营养与安全、生物医用材料、人工智能、新能源、污染控制与环境修复、绿色建筑和智慧城市6个研发平台，建成了燃料电池实验室等21个实验室。

新加坡有非常不错的教育资源，拥有全球领先的科学技术及人才，

但是该国市场有限，中国恰好补充了这样的短板，为其提供了非常广阔的市场。同时中国借助国际合作学一些优势，提升我国的科技创新能力。

在徐晖看来，这样的国际合作已经打破了传统的交流方式，这也赶上了国际合作潮流——科技创新合作。

中新国际联合研究院是整个知识城创新驱动产业发展的关键引擎，成为知识城一张闪亮的名片。

2018年，国家知识产权局专利局专利审查协作广东中心成为首个国家级单位落户知识城，这里也成为国务院批准的开展知识产权综合性改革实验的区域。

逐步完善的知识城吸引了越来越多优质企业落户，来恩生物、蔡司光学、中船集团、广汽丰田等国内外知名企业扎根在这个曾经偏远，但如今火热的发展热土上。

中新广州知识城一直是提倡依靠知识、人才进行经济驱动、创新发展的未来城市。如果说，逐步完善中的硬件设施是造城记的外壳，那么，作为软实力的人才培养与引进，则是造城记的精神内核。

对于这个问题，徐晖和他的同事们犯难了。广东人才都集聚在有18所院校以及众多研究机构的大学城里，知识城如何抢人才成为他们要解决的重要课题。

徐晖和同事们看准机会借助知识城的不断发展，扶持就在本土辖区内的康大职校从大专提升到本科院校，不仅将课程设置得更为多元化，在校生从四五千人扩招至两万多人，升级为广州商学院，成为一家重点院校。

同时，他们开启"筑巢引凤"模式，加大对基础设施和产业后续投资的投入，吸引高校研究机构入驻，先把清华珠三角研究院分基地引进落户知识城，不久又引进了西安电子科技大学、广东外语外贸大学、广州大学，前不久还把中国社会科学院大学引进落户了。

令徐晖引以为豪的是知识城的高效率。他以引进高校为例，比如西安电子科大，三月份签约，四月份开始动工装修，九月份入学。从谈判到进场装修、招生入学，都不到半年时间。

整座知识城，到目前为止，科教体量非常惊人，现在已经引进了人。几家高校的研究生院，对知识城的产业发展提供了强而有力的人才支撑。

2020年，中新广州知识城的整体规划批了下来，正式上升为国家级项目。十年的艰辛历程，终获得丰收的硕果。徐晖很是感慨："前6年，中新广州知识城是苦练内功，做基础设施建设、产业招商；从2017年起，我们厚积薄发，犹如飞龙在天，快速发展产业园区、城市的设施配套、生态环境工程及人才引进。所有这一切喜悦、成功、获得感也就发生在短短的近两年，这是十年磨一剑的成果。"

曾经那个懵懂青涩的女大学生已经在这里工作了7年，她迎来了人生的全新发展阶段，在今年辞职时，感怀地再次记录下自己的真实感受："就这样，一位广东女孩在广州知识城工作，从最初的办文、会务、接待开始，慢慢从概念上、具体运作上、发展前景上了解了知识城。认识了天南地北的人，了解了不同的思考方式、行动习惯，接触了不同的语言风格、饮食习惯，听说了很多各式各样的民俗风情，感慨世界很大很大。一晃7年时间，我从小长大的地方已经被拆，而我也已经成家，跟很多人一样，做着各个阶段该做的事，承担该承担的责任。每次经过广河高速出口看到知识城醒目无比的大标志，我的家人都会说我是在这里上班的，每次经过起步区傲然挺立的人才大厦，我的家人也会说我在这里面上班……"

成熟的钟咏妍心中难掩见证这座城成长的自豪感，此时的徐晖也不再心存任何疑虑,当初看蓝图时热血澎湃的激情犹在:"我也负责招讨商,对着一片荒地,给人家画饼,指着规划设计图,讲述宏伟蓝图的构想。那时,很多人都不敢相信,不过十年光景,昔日的梦想之地真变成一座现代化的华丽新城,未来之城的样板清晰呈现出来。"

时任新加坡驻广州总领事蔡簦合曾说:"中新广州知识城为广东努力转型成知识型经济提供了强大助力。"

没错,中新广州知识城作为中新政府跨国合作标志性项目,是新加坡以及广东省政府共同倡导创立的广东省经济转型的样板。在下一个十年,这占地123平方公里的中新广州知识城将成为一座为50万人提供生活、工作、学习、休闲的城市,经济、人文与生态高度和谐及可持续发展的城市。

夜色璀璨下,徐晖开着车穿行在车水马龙中,明日他将继续为这座城而努力深耕;那个离职的女大学生钟咏妍仍然通过网络信息、亲人好友的消息关注着家乡的发展;这座寄托着中新两国众望的城市,如同郭沫若的诗歌所描绘的那样:"远远的街灯明了,好像闪着无数的明星。天上的明星现了,好像点着无数的街灯。我想那缥缈的空中,定然有美丽的街市。街市上陈列的一些物品,定然是世上没有的珍奇……"

一菲手记:

"每个人都有属于自己的一片森林,也许我们从来不曾去过,但它一直在那里,总会在那里,迷失的人迷失了,相逢的人会再相逢。"

那年,我在韩国邂逅了时任中新广州知识城管委会主任的谭明鹤先生,他带队来韩国考察。大概因为我们都是来自广东的缘故,在冰天雪地的异国相见感觉格外亲切。

后来，我们的目光和镜头跟随他聚焦到了中新广州知识城。在这里我们看见每一位建设者都把这里当成了家，已经融为他们生命中的一部分。

造一座城，实现一个梦想，我们通过镜头记录了这些可爱的建设者们奋斗的身影和收获时满足的模样。罗素先生说，美好的人

一群人和一座城，风雨兼程十二载，其中的故事有我们记录到的，也有我们迷失掉的，但人们不会忘记它们。

"鸟儿从天空飞过，没有留下任何印记，但是我们飞过……"

创意交响曲

佛山乐从家具城，街道绵延十余里，两旁的店铺鳞次栉比，蔚为壮观，在这里，可以找到全球 99% 品类的家具。

我们节目拍摄的当天，一家新店门口，摆满了庆贺开张大吉的花篮，在锣鼓喧天的喜庆声中，醒狮助兴的表演开始了。

舞狮是盛行在佛山地区的传统喜庆表演，狮子，被认为是驱邪避害的吉祥瑞物，每逢节庆或有重大活动，必有醒狮助兴。

镜头前，一位身穿白色 T 恤，面容和善的外国男子，兴致冲冲地拿起毛笔，学着旁边中国同事的模样，为狮子点睛。他就是来自英国的家具设计师 Tim，在佛山居住了十几年的 Tim，对醒狮文化并不陌生，但亲笔点睛还是头一次。

这家店是 Tim 与中国伙伴开的第二家产品体验中心，今天，他显得格外兴奋，面对涌动的人潮，他激情满怀地说道："我爱你，中国！"虽然中文说得并不流利，但却引发阵阵欢呼。

Tim 与中国，与佛山究竟有着怎样奇妙的缘分？

在佛山高明的家具展

| Tim 的工作室

厅，我们再次见到了 Tim。这是一栋四层建筑，灰白色墙面，四周绿草如茵。

"欢迎来到我们的家！"笑容可掬的 Tim 推开玻璃门，那一瞬间，我仿佛进入了另外一个世界。墙面用几十把旧羽毛球拍排列成花苞绽放的形状；半人高的鼓身塞满旧书，像是苏州园林紧闭的月洞门；由低向

妙构思。目及之处皆是旧物，却又充满新奇的想象。

关于 Tim 的工作室 Timothy Oulton 的故事，要追溯到 1976 年。Tim 的父亲是位古董商，受到父亲对经典器物审美的影响，每一件 Timothy Oulton 的家具作品，灵感都来自过去，再透过现代视觉被重塑，最终成为独一无二的原创作品。

在这个奇幻的空间里，古老的纺织机置于做旧的棕色真皮沙发旁，这是 Tim 对中国传统技艺与当代元素融合的痴迷。

Tim 指向一组靛蓝色布艺沙发，告诉我这是他最引以自豪的作品。沙发采用了中国濒临失传的印染工艺。为了收集这些工艺复杂、用纯天然植物染料制作的面料，他一路奔波，进入几乎与世隔绝的贵州深山，那里约有 20 个侗族和苗族人居住的村庄，至今还保留着制造靛蓝布料的工艺，她们使用手工织布机，在河水里作业。

那段时间，他与村民同吃同住，学习印染技术，并将这项传统技艺带回佛山，"那对我来说是一段奇妙的经历，所以当我一回来，我对我的布料负责人说，我们必须这样做"。

坚持使用植物染料做家具，这在全世界范围内的同行业中都极为少见，这并非单纯地缅怀过去，更是在向经典致敬。Tim 骄傲地宣称，这是世界上最舒服的沙发。

Tim 语速很快，走路风风火火，他的办公室堆满了从全世界各地淘来的家居物品：有搭在真皮椅背上的印度丝绸、安放橱窗的希腊雕

朔。说到这里，他指向角落里不太起眼的一座动物雕塑，"买这个花了我 6000 美元"，吃惊之余，从他闪烁的眼睛里，我看到了对艺术的热爱。

我们注意到，办公室墙上有张黑白泛黄的老照片，工人们整齐排列，笑得很开心。驻足在此的 Tim 给我们讲起了照片背后的故事。

20 年前，Tim 刚来佛山创业，能不能成功，他心里没底。在此之前，没有人来中国生产过这样的家具产品。身边的朋友或同事，来中国是为了买便宜的商品，而他看中中国工人精益求精的技术和严谨认真的态度，他想做高质量的产品。

那一天，他得到了第一张大订单，客户要了 500 张沙发！Tim 当时只有 130 个员工，要手工印制英国国旗图案，手工抛光，每个沙发得钉 1600 颗钉子，要怎么做出 500 张沙发？

Timothy Oulton 的合作伙伴是一家原本生产板式家具的中国企业，Tim 负责设计和销售，中国企业负责生产。最终，中国工人用纯熟的技艺和一丝不苟的态度，完成了 500 张沙发的准时交付。

"我永远不会丢掉这张照片，这对我们来说是个很大的突破。"Tim 饱含深情地望着老照片，那是他第一次成功的勋章。与此同时，Tim 也坚信，他能成功还有一个秘诀，做旧的手工艺会赋予沙发另一种厚重沉静的美，自有一批热爱怀旧的追随者。

Tim 坚持"守新如旧"，他打破常规的创新理念，连工厂的工人也无法理解，辛苦做出来的漂亮产品，意大利真皮新沙发，为何要划破做旧？

彭光明当年是 Tim 团队最早的一批中国员工之一，他们一起工作了 20 个年头，对于这位洋老板，老彭说道："阿 Tim 这个人，他的思想比较超前，他一来是做柞木家具，当时我们连柞木都不认识，后来他把柞木做成功了，就开发了沙发。阿 Tim 他是欧洲人，他知道很多中国人都

不了解欧洲的事情，他就把欧洲的一些旧的产品空运过来这边，我们就打开来看，它的结构是怎么样的，我们可以怎么改进，

Tim 带笔者体验做旧工艺

Tim 痴迷于自己引进的做旧工艺，拍摄当天，还邀请我们去车间体验，当机器在崭新的真皮上划过，我们还真有那么一丝紧张。

Tim 告诉我，这么多年来，能将他天马行空的创意执行制造成产品，离不开一位合作伙伴的支持，他就是中方家具厂的总经理林睿。

Tim（中）和林睿（右）早年参加广交会

从广东外语外贸大学毕业后，湛江人林睿就到更合镇的这家工厂工作，认识 Tim 将近 20 年了。见证了工厂从小到大的蜕变和 Tim 的成功，与 Tim 一样，工厂已成为林睿生命的一部分，佛山高明的更合镇成为他的第二故乡。

"17 年前的夏夜，我和 Tim 在工厂的小房间吃宵夜，坐在塑胶圆凳上的他喝掉大半瓶红酒后，醉眼惺忪地向我描绘未来公司发展的宏伟蓝图……"回首往事，林睿甚为感叹。

17 年后，Tim 梦想成真，从十个人的团队壮大到全球几百人的贸易

公司。"他说道,"如果你想有所成就,佛山是个好地方。"

"那你呢?"我们问到。

"当然,我也很幸运!从40个人的小工厂跟单业务员做到1400人大厂的总经理。"林睿谦虚地说,"人生这辈子,最难的是所遇皆良人。我遇上了几位很有智慧的老板,给了我充分的自主权;遇上了极具人格魅力的合作者Tim;也遇上了沟通顺畅的团队成员,甚为幸运。"

Tim是林睿工厂唯一的客户,林睿也是Tim在中国唯一的沙发合作商。双方的合作从未签过合同。他发表格,按照他的订单,中方就开工……在商界,这样随意的合作模式是很不可思议的存在。

| 林睿

"我们的信任是从小事开始,有一次,Tim半夜身体不舒服,打电话给我,我立刻开车将他送到医院。他在这里孤身一人,不懂中文,更不会说粤语。从此,我们既是工作上的搭档,也是生活中的朋友。下班后,常会在工厂的大排档吃宵夜闲聊,憧憬美好的未来。他的内心像孩童,当他交出百分百的信任时,我们也回报他百分百的作品。"

在展厅的四楼,我们看到了更多双方碰撞出的巧妙构思,一溜英国呆萌的糖人娃娃,米黄色的大理石桌面错落有致摆放着英伦红玫瑰,旁边立着一座用香槟堆成的金字塔。经过原木制作的圆桌、大理石柱,林睿停留在两张看似完全一样的长桌前,指出纹路、做工、颜色的细微差别。

"展厅的家具属纯手工打造,都是独一无二的产品。我们不接受大批量的订单，主要经营从一件订制开始的小众市场。"

林睿坦言，他们的家具艺术品价格并不低，最初走向国际市场的时候，受到了不少质疑。

当时，Tim 去交易会参展，有人直截了当地问他，你的沙发那么贵，打着国外品牌，却标注中国制造，能卖得出去吗？Tim 根本不理国家，他们制造的产品都不能达到他的要求，只有在佛山，林睿任职总经理的工厂，Tim 的创意才能完美呈现。

Tim 会在展厅四楼举办英式下午茶或者沙龙，他很少谈论莎士比亚的戏剧，也不会聊皇室新闻，只是专注做好沙发——在这个小而美的领域，做到极致。

他和林睿，选择了人迹更少的一条小径，双方正是有了岁月沉淀的信任与默契，才能奏响一曲琴瑟和鸣的创意交响曲。

一菲手记：

"居高声自远，非是藉秋风。"

Tim 是一个国际家私品牌创始人。

总有一种理由让他选择东方，选择了中国。可以这样说，中国是他的意外惊喜，这一切都要从他踏上这片热土的第一步说起。

后来，我们知道他之所以关注中国，热恋中国，是因为他在和中国的合作伙伴碰撞交融的过程中发现了另一个改变认知的维度。

Tim 是一个开朗的人，至今他的笑声还在我的耳边萦绕。2022年3月的一天，团队传来消息，他在工作中意外离世，我感到无比震惊和惋惜。

至今我仍记得他跟我说道,"中国的女性非常优秀,她们勤劳朴实;合作伙伴非常靠谱,十多年来从未签约任何合同,照样履行所有承诺。"

或许,我们镜头里记录的灿烂笑容成为留给他的中国伙伴们最后的礼物,他也将毕生热情奉献给了他心目中可爱的中国。

星月之约

拿破仑曾说过，如果世界上只有一个国家，它的首都一定是在伊斯坦布尔。

这就是伊斯坦布尔，一座横跨欧亚两大洲的城市，是古丝绸之路上的重要节点。

作为最早响应共建"一带一路"倡议的国家之一，自古以来，土耳其就承担着"中间走廊"的重要作用，正如中土两国国旗上遥相辉映的星与月，相隔万里的两个千年古国，因丝路的繁荣相映生辉。

清晨的第一缕阳光照耀着圆圆的穹顶和尖尖的宣礼塔，漫步在海风拂面的街头，伴随着耳畔响起庄严的宣礼声，奔赴一场新时代的"星月

| 伊斯坦布尔风光

笔者采访工银土耳其原董事长高向阳（右）

之约"。

星月之约的目的地是被称为土耳其所有中资企业"娘家"的工银土耳其，这是一家土耳其员工占比高达96.8%的中资金融企业。

作为这家银行的员工，满头卷发、身材瘦削、五官如雕塑般立体的火山，一见面就成为我们的导游。

伊斯坦布尔博斯普鲁斯海峡，风很大，乌云从远处的欧洲向亚洲这边飘来，海鸥或高或低地急飞着，行人匆忙地行走着。刚落地的我们直接开始了采访工作，摄像师们整备器材前往领事馆布景、化妆师正在为主持人精致上妆、导演正在校对总领事的采访提纲，无暇顾及车上还有一位西方面孔的导游。

筹备工作还未结束，导游送上他买的汉堡和可乐，他神色稍显拘谨地说道："现在都下午两点半了，你们一到就开始工作，还没吃午餐，我就自作主张买了汉堡，简单应付一下吧。"

这一口流利的普通话惊呆了众人，很快就熟络起来。

火山出生地是在伊斯坦布尔老城区，这里有全世界慕名而来的人们。他

工银土耳其外籍员工火山（右）

们的足迹穿过老皇宫、蓝色清真寺等景区，这里是世界上唯一一座三大帝国首都的城市：一个是罗马帝国，一个是拜占庭帝国以及奥斯曼帝国。

语言、文化、传统和信仰在这里融合。

16岁时，火山便去到北京旅游，短短4天的旅程里他爬上了雄

种子。

读大学时，火山知道很多土耳其人和中国做贸易，他认为中国发展会越来越好，学好中文对将来的个人发展很有帮助，会更有机会。2006年，他再次来到中国，这次不再是旅游，而是到北京留学。

火山在北京的第一个时期就是学习中文，他的求知欲非常强，恨不得掌握所有的中国词汇。在北京的日子随着中文的学习，生活一步步发生着巨大的变化，这给火山带来了喜悦和信心，也让他对中国的生活和环境有了更深刻的认识。

火山在北京的第二个时期是选择在北京航天航空大学继续深造，开始攻读硕士、博士的历程。硕士阶段的学业尚能得心应手，火山还获得了优秀外国留学生中国政府奖学金。博士阶段的挑战对于火山来说的确压力很大，尤其需要完成专业论文并在国际期刊发表。

幸运的是遇到了专业严谨又善良体贴的博士导师，为了减轻火山的压力，经常将他约在校园的凉亭里亲自指导论文写作和专业研究。这些中国教授，大多是各自领域里的专家学者，他们的真诚和谦逊深深感染了火山。

2008年对火山来说是非常激动人心和富有启发意义的一年，恰逢北京举办奥运会，于是火山毫不犹豫地报名加入北京奥运会志愿者队伍。在奥运会志愿者培训过程中，火山结识了许多从中国各大高校来的志愿者，深入交往后发现，原来中国式谦逊不仅是在教授、同学身上，

还融入到了中国人的生活里。最后，火山通过学习和努力，在北京奥运会举重比赛中担任观众服务员主人。

北京，是一座过去与未来并存的城市。经济发达的国际大城市，依然保留了传统的生活气息，白天是都市白领们匆匆忙忙地通勤上班，晚上是大爷们在街上下着象棋、阿姨们在广场上跳舞；一边是世界上最豪华的商场和巨型摩天大楼、一边是胡同里坚守的老北京风貌，这些都让火山对北京着迷、对中国深爱不已。

说到中国文化习俗，火山立刻就想到了春节，这个节日与土耳其的开斋节和古尔邦节非常相似，都会和亲人团聚在一起庆祝，长辈会给小孩子们零花钱。火山记忆最深刻的是自己在北京过年时，一边看着春节晚会，一边喝着二锅头就饺子，小区门口的便利店老板总会大声对他说上一声"新年快乐！"

| 工银土耳其原副总经理陈玉宝（右）介绍中国书架

回到土耳其后，火山通过几次面试成功入职工银土耳其。这是他在北京留学时离自己宿舍最近的银行。他知道这是世界上影响力很大的银行，而在这里他能充分运用在中国所学的知识和经验服务企业。

在工银土耳其，火山作为办公室的一员，还需要协助广告公关部的工作，需要他一起负责组织许多大型活动，这对火山来说是不小的挑战。

他和同事们策划了很多由工银土耳其主办、众多中资企业参与的活动，比如土耳其中资企业乒乓球赛、工银土耳其歌唱比赛等。

火山把自己当作是"中国文化大使"一样，凭借在中国生活多年的优势，融合东西方的方式来策划各种活动、处理各种问题，这让他快速地融入工银土耳其的工作中。

在工银土耳其，喜欢员工很多。因此，在办公区专设有展示土耳其风貌的摄影展厅，专门介绍中国文化的"中国书架"图书区等。这是为了加强中土员工之间更加了解、相互理解的基础。

工银土耳其外籍高管与笔者（中）合影

火山心目中的英雄是穆斯塔法·凯末尔·阿塔图尔克，他是一名土耳其军官和政治家，也是土耳其共和国的第一任总统，他倡导"国内和平、世界和平"的理念。火山认为是和平，才让他有机会前往中国学习、入职中资企业工作、成为"中土文化的交流使者"。

火山在中国度过的漫长岁月里，家乡的土耳其朋友会问他最想念什么，他想念艾米诺努烤鱼面包的味道，这是伴随着博斯普鲁斯海峡的海风飘来的家乡的味道；当他在工银土耳其工作的时光里，他最喜欢与朋友分享最思念中国什么，他思念京腔京味和老北京二锅头，这是伴随着在陌生国度逐步成长的痕迹和烙印。这样的人生就如同站在博斯普鲁斯海峡的制高点远眺，要么是在欧洲，要么是在亚洲；火山的心，永远都在土耳其和中国之间跳动。

一 手记

当我站在博斯普鲁斯海峡的加拉太大桥上,听着盘旋天空的海鸥鸣叫,海峡对岸是亚洲,我的脚下是欧洲,不禁感怀万分,东西方文明的距离如此相近!

土耳其青年火山,是一个激情的年轻人,曾经在中国留学,在中国的生活给他留下了刻骨铭心的记忆。当他依依不舍地离开中国,回到故土,他依然选择在中国企业工作。

他所服务的工银土耳其,是"一带一路"资金融通的引领者和示范者。在这里,像火山这样的外籍员工还有很多,中土员工就如同星星与月亮一样交相辉映,休戚与共。

此心安处是吾乡

认识李明智是在北京春寒料峭的日子。

正好赶上上合组织举办的纳乌鲁兹节活动。这是一个哈萨克斯坦、伊朗、土耳其、阿富汗、塔吉克斯坦等国家延续三千多年的国家节日。

人潮涌动，装饰华美的集市，摆满富有民族特色的纺织品、刺绣、地毯、红玉髓银饰及苏麻拉克粥、馅饼、麦芽甜点等热气腾腾的传统美食。

仙乐飘飘，声声入耳，有哈萨克斯坦的冬不拉、蒙古国的马头琴、塔吉克斯坦的鹰笛，优美、低沉、清脆的各种曲调，演奏出异域风情的魅力。

上合秘书处组织了俄罗斯、蒙古国、塔吉克斯坦等十八个国家的贸易商、外交使臣、留学生、艺术家等各行各业的人们同聚于此，狂欢庆贺。

| 纳乌鲁兹节现场

李明智在哪儿？

眼前站着位不太高挑，着装淡雅的金发女子，有别于众多身穿花色艳丽民族服饰的其他异国美女，她温婉恬淡的气质，像是亭亭玉立的空谷幽兰，引起我的注目。我认出她是李明智的夫人李娜，穿过拥挤的人潮，与她打招呼，她羞涩地点头回应着，说她也正在找李明智呢。

| 上合国家青年平台联合创始人李明智

| 纳乌鲁兹节现场

在塔吉克斯坦的展位上，终于找到正忙着向游客们推介家乡特产的李明智，身材壮硕的他，短浅茂密的黑发，浓眉大眼，蓄着一圈络腮胡，他很熟络地伸出手来与我握手，接着带领我们参观展位，介绍各种服饰和美食。

头戴翠绿披巾的塔吉克斯坦的美丽小女孩，正把苹果切片堆放在香喷喷的手抓饭中，装好盘，递给我们品尝。李明智说，在他们国家过新年，一定要吃手抓饭，这与中国春节要吃饺子的习俗相近。

我正想品尝味道鲜香的手抓饭时，一阵乐声响起，不远处的舞台边围满了观众，舞台上有两位演员正在表演雄鹰展翅的舞蹈。李明智热情介绍道:"我们国家是崇尚雄鹰的民族,这是传统舞蹈'鹰舞',乐器纳依就是用鹰翅骨做的短笛,也称为'鹰笛'。"

鹰笛声声,犹音在耳。

李明智来自外交官世家,在 2005 年他的父亲阿利莫夫被塔吉克斯坦共和国任命为驻中华人民共和国特命全权大使,进入北京大学攻读国际关系学的研究生。他喜欢和亲人团聚在一起,并且预感到将于 2008 年举办奥运会的中国会成为世界关注的中心,中国有非常光明的未来!于是,就如他所说,最终学习在北京、安家立业在中国。

李明智虽未子承父业,但以非营利性组织上合国家青年平台联合创始人的身份,为中亚五国等共建"一带一路"的国家的经济发展,多元文明的交流融合付出努力与行动。这是时代变迁下属于他的发展道路,不是外交家,胜似外交家,与他敬重的中国航海家、外交官郑和颇为相似。

| 上合青年们与笔者(右二)合影

上合国家青年平台是相互学习、合作的桥梁，也是服务各国青年们的平台。希望通过这个平台能让外国青年们了解真实、客观、立体的中国，也希望更多人能去了解其他国家。

李明智联合朋友一起创办的上合国家青年平台得到了众多上合国家的青年人认可。其中就得到了出生在俄罗斯的华裔女孩儿胡凤兰的大力支持，她认为极有意义："这个平台让在中国留学、创业、工作的异国青年有了组织，还得到许多平台的支持与帮助。同时还让更多异国青年以客观的视角了解中国，这样互相之间会少很多偏见。"

李明智有一句话给我留下了很深的印象，他说："我可不是一个单纯的生意人，我是社会的生意人！我赚钱是想去帮助和服务更多像我一样在异国创业工作的年轻人。"

塔吉克斯坦有句谚语：有志气的蚂蚁能搬动大山。李明智扬起脸笑着说："对！我就是希望所有的青年人都团结起来，这样我们就能够实现更大的梦想、更多的理想。"

| 纳乌鲁兹节现场

梦想总是没有边界的，不论是在塔吉克斯坦，还是在中国；不论是在他的同胞之间，还是以北京为中心的上合国家青年平台，李明智的梦想是连接全世界的青年朋友，以和平谋发展，为人类的可持续发展贡献一己之力。

一菲手记：

不知道是谁，给这位塔吉克斯坦的朋友起的名字——李明智。就像他的名字一样，聪明、智慧的同时，我能感受到他的一份坦诚。

感觉。

李明智作为上合国家青年平台的代表，是一个动员能力非常强的领导者。他是想通过自己的努力，搭建一个优秀青年、国际精英交流沟通、合作共赢的平台。

为了把这份工作做好，他把自己的家人也带来中国一起生活。

随着我们对这个平台的深入采访，我们看到他们辛勤努力编织的一张连接全球青年的网络正在形成，越来越多来自世界各地的青年，带着他们的才华和独特的资源加盟到上合国家青年平台。

一切才刚刚开始，从北京出发，他们在路上……

丝路智者

据说，这是中国最美的大学校园。

依山起伏，花木繁荣，阳光隔着树荫照过来，落下参差斑驳的影子，这里就是深圳大学。

国际交流学院的教室讲台上，陶一桃身穿一袭绿花旗袍，此刻正笑容明媚地讲课，学生们来自印度、巴基斯坦、哈萨克斯坦等国家。

陶一桃，是深圳大学教授，也是著名的特区经济研究专家，她还是一带一路国际合作发展（深圳）研究院的创办者。

此次专程来寻访她，是为了落实共同前往哈萨克斯坦的行程。

就在一周前，刚好得知哈萨克斯坦刚当选的总统托卡耶夫先生是深

笔者（左）与深圳大学校长李清泉（右）、陶一桃教授（中）

圳大学荣誉教授,曾在 2016 年,时任国会主席的他来到深圳大学担任访问学者,而精通俄语的陶一桃教授,作为深大代表热情接待,两人在那时结下深厚友谊。

此次,陶一桃受深圳大学李清泉校长委托,前往哈萨克斯坦送校长亲笔贺信并做深度学术交流访问。

立马回到当年的场景:托卡耶夫先生说他在中国生活了 8 年,熟悉中国的传统文化,算得上是"中国通"。我就立马建议他用中文交流,没想到他欣然接受,用普通话说"中国是一个非常有前途的合作伙伴……"

语言是人类最重要的交际工具。

国与国之间的交流,旨在寻求共性和共鸣,语言相通,彼此的距离就一下拉近了。

哈萨克斯坦是"一带一路"倡议的发轫之地。2013 年 9 月,习近平主席在纳扎尔巴耶夫大学发表演讲时,首次提出共建"丝绸之路经济带"倡议。

我们跟随陶一桃来到哈萨克斯坦。

哈萨克斯坦,一个位于中亚的内陆国家,也是世界上最大的内陆国。一行人首站先到达其东北部,距离中国最近的城市塞米伊。这是一座中亚草原上的历史文化名城,被誉为额尔齐斯河上的明珠,也是古丝绸之路重要的枢纽。

一出机场,沙卡林大学的校友们早已等候在此,他们穿着华丽的民族服装,拉响手风琴,弹奏起冬不拉,围上来献上明艳的鲜花,立刻让人感受到哈萨克民族的热情与阔达。

沙卡林大学是哈萨克斯坦最大、最古老的多学科公立大学之一,有着近 90 年的发展历史,在历史研究和语言教育方面特别突出,特别是俄语教育学科,在哈萨克斯坦及中亚地区都是非常有影响力的学科。在 2019 年春，陶一桃曾来到这里参加过一场由沙卡林大学主办的国际论坛并结识了该校校长梅尔。两人在跨文化教育的理念上有着许多共鸣，因此，陶一桃与梅尔、深圳大学与沙卡林大学结下不解之缘。

此次访问对陶一桃来说是旧地重访，这趟行程，她的使命之一是代表深圳大学一带一路国际合作发展（深圳）研究院与沙卡林大学共建分院。在分院的揭牌仪式上，沙卡林大学分院院长奈拉就说到，这里将成为哈萨克斯坦乃至整个中亚的"一带一路"倡议交流中心，将会促进共建"一带一路"的国家之间人民的互相了解。陶一桃教授与梅尔校长亲自为其揭幕，预示着中哈两国文化教育的交流合作步入新时代，令人更为惊喜的是托卡耶夫总统将亲自担任该院荣誉院长。

热情的梅尔校长专门安排了家宴庆祝此次成功的合作，因为这是他和陶一桃教授共同促成的一次促进两国不同文化交融发展的盛举。在额尔齐斯河畔，美味的晚宴、悦耳的歌声，让每一位从中国远道而来的校友都倍感亲切和温馨，而旅程尚未过半。

在梅尔校长的陪同下，一行人来到位于首都努尔苏丹的哈萨克斯坦欧亚国立大学。

如果说沙卡林大学分院的建立预示着新时代的开启，那么深圳大学与欧亚国立大学共建哈萨克斯坦第二个分院的计划则是合作的深入延续。

在座谈会上，学者云集。历史、文学、外交、经济等领域的专家们交谈热烈，汉语、哈语、俄语在会场此起彼伏。欧亚国立大学校长萨德柯夫·叶尔兰提到哈萨克斯坦和中国自古以来就交往密切，21 世纪开始的"一带一路"倡议对于哈萨克斯坦的经济发展而言，具有重要的现实意义。现在，还需要增强文化、教育方面的交流。

欧亚国立大学语言学教授杜肯·玛斯木汗博士也希望双方能利用各

自的教学优势共同探索跨区域的文化交流，摸索出国际人才培养的新途径，还表示为了加强哈中两国的友好关系，哈萨克斯坦特意创立了汉语学院研究所，专门研究中国文化、历史、经济以及如何发展，让中国的"一带一路"倡议与哈萨克斯坦的"光明之路"工程更好地融合。

陶一桃见到大家对"一带一路"倡议的反响如此热烈，既兴奋又欣慰。她向大家阐明了研究院的研究课题，同时希望"中国道路走出去"真正意义上为新兴经济市场国家提供发展中问题的中国解决方案。

座谈会上相谈甚欢，好消息也接踵而至。托卡耶夫总统委派了第一总统办公厅主任卡瑟姆别科夫

笔者（右）和陶一桃教授（中）采访哈萨克斯坦第一总统办公厅主任卡瑟姆别科夫（左）

陶一桃教授（右）、笔者（左）与卡瑟姆别科夫（中）互赠书籍

在纳扎尔巴耶夫文化中心与一行人见面。在这里我们不仅成功将李清泉校长的亲笔贺信转交给总统，还首次得到因"一带一路"倡议所发展的真实反馈。

卡瑟姆别科夫说："哈萨克斯坦是'一带一路'倡议的参与者之一，在2013年时因石油、天然气价格下跌遭遇金融危机，哈萨克斯坦在该

倡议下开始了很多其他业务，才从危机中解脱出来。后来，哈萨克斯坦也开始了基础设施建设并积极成为中国与亚欧国家之间的黄金桥梁，因此催生了三十多万新的就业岗位，与参与国之间的贸易额达到了一万亿美元。"

"一带一路"倡议是中国向世界提出来的一个互利互惠的公共产品，当强风吹来时，愚蠢的人会筑起屏障，而聪明的人会制造风车。在国际贸易中，一个国家如果无法获得出海口，就很难发展商品出口和吸引投资。哈萨克斯坦就属于没有出海口的国家，"一带一路"倡议对哈萨克斯坦的确是利好机会。

"一带一路"倡议源于中国，但机会和成果属于世界。"一带一路"倡议更重要的是文化交融，当人们对彼此国家的文化有深入的了解，能认知某种共同智慧的时候，民心相通就在文化交流中自然形成。作为一带一路国际合作发展（深圳）研究院执行院长，陶一桃深感责任重大。智库既是高水平、深层次合作的探路者，更是沿线国家、地区人文交流的黏合剂，如何以共建"一带一路"的国家的历史、文化、经济、制度、法律、宗教信仰和国际关系等研究为切入点；以中国道路走出去和中国经济特区成功经验分享为沟通路径；为"一带一路"项目落地提供智力和软实力支持，打造具有国际视野、学术开放、思想包容、文化尊重的新型民间智库，任重道远。

终于，在满怀期待之下访问团来到最终的寻访之地——努尔苏丹纳扎尔巴耶夫大学，这里是"一带一路"倡议的首倡之地。

站在大厅中央，2013年9月6日习近平主席曾在这里提出共同建设"丝绸之路经济带"的时刻，坚定的身影与铿锵有力的发言在脑海中闪现，沐浴着温暖的晨光，心底油然升起一种神圣感。陶一桃教授也非常感慨，十年间，一个倡议从理念变为现实。

从中国深圳到哈萨克斯坦塞米伊、努尔苏丹，见证了中哈两国校友跨越万里的友谊，作为使者的陶一桃教授，既是亲历者又是见证者，匆匆行旅，苍茫云烟，留下了梦想者远行的足迹。

一菲手记：

没见到陶一桃教授之前，我仰慕已久。作为知名、专业、权威的经济学家，她有着雷厉风行、干练果断的一面，当我走近她，她也有着女性的柔情与人文的悲悯。

她拥有四分之一白俄血统、擅长俄语，总是着一身旗袍，举手投足间尽显个人魅力与风华。

她是重建丝绸之路，为沿线大学之间交流搭建平台的倡议者、引领者和推动者；

她是一带一路国际合作发展（深圳）研究院哈国沙卡林大学分院落地的开拓者；

她是中国道路走出去，为新兴市场经济国家提供中国智慧和中国方案的新发展理念的探索者。

关于这一切我们在哈萨克斯坦得到了切身感受。在我心目中，她的睿智、学识、才华、眼光，难能可贵；她的良知、人品和担当精神更让人钦佩！

网红大使

仅仅 5 分钟，1.5 吨的咖啡豆就被抢空了，这一幕发生在 2020 年伊始的一个电商直播间里。

一位外国朋友，他笑容腼腆，正介绍当天的带货产品——卢旺达咖啡豆。

直播结束后，他激动得连连惊叹："太厉害了，没想到卖货的速度会这么快！"因为出色的带货成绩，他一跃成为中国网络红人。这是我们第一次听到这个名字：詹姆斯·基莫尼奥——卢旺达共和国驻华大使。

作为政府官员、外交使节，詹姆斯·基莫尼奥为什么会出现在电商直播间？带着这样的疑问，我们来到了北京。

深秋的秀水北街满地落叶，橘红色的小柿子挂在枝头，迎着微风，我们走进了卢旺达驻华大使馆。

大使馆的会客厅里，咖啡的香味四处蔓延，长排的白色沙发上放着十多个蓝色靠垫，那是卢旺达人最喜欢的颜色，象征和平与安宁；墙面上的字也很显眼：欢迎投资卢旺达。从里面走出来的大使先生个高且瘦，黝黑的脸上挂着彬彬有礼的微笑。

| 大使直播带货

大使先生的话不多，或许与他土木工程专业的工科背景有关，很难想象，这么沉静谦和的人，竟能创造声播带货的奇迹。

实际上，詹姆斯·基莫尼奥上任仅三年，却已经做了云游卢旺达、带货

大使与丝路寻访人周国平（左）

等推介卢旺达的多场直播，吸引了数千万中国网友的观看。

拍摄过程中，大使先生坦言，他切切实实感受到中国电商式扶贫的力量，并表示卢旺达应该学以致用，复制这样的销售模式。

卢旺达是非洲一个并不发达的国家，种植咖啡是当地农民主要的收入来源。这里的山地咖啡享有盛名，苦涩中带有淡淡的青草香，这是它能风靡全球的原因之一。

过去，他们的咖啡豆主要出口给欧美大宗收购商，扣除附加产值，得到的利润微乎其微，而在中国电商平台销售，每公斤比原来多赚4美元。这样的改变得益于eWTP（世界电子贸易平台）。

4年前，卢旺达加入了"一带一路"朋友圈，紧接着，中国把eWTP带到卢旺达，以推动中卢共建数字经济项目，这是eWTP首次在非洲国家落地。不久后走马上任的詹姆斯·基莫尼奥强烈地意识到，这是改变卢旺达落后的传统商贸交易难得的机遇，一定要抓住。于是，他一改政府官员的严肃形象，频繁出现在中国网络直播带货平台上。

节目拍摄过程中，詹姆斯·基莫尼奥随手从书架上抽出习近平主席的著作——英文版的《摆脱贫困》，"我个人特别喜欢习近平主席在这本书中所用到的类比。他说弱鸟先飞，所以无论你处于哪个发展阶段，只要不断学习新事物,你就也能先飞,也能像中国在过去40年那样,实现不可思议的巨大飞跃"。

说到这些,大使先生的眼里闪烁着光芒,"有机会向中国学习成功经验,对我而言是很有意义的事。除了中国的电子商务之外,我也很期待到中国的其他城市去了解中国博大精深的文化,借鉴中国经济得以飞速发展,取得今日之成就的历史经验。不过,我们也不会完全照搬模式"。

采他山之石,博众家之长。卢旺达的国家领导人深谙此理。

大使先生办公室的墙上,挂着卢旺达总统卡加梅的画像。这位以铁腕手段治国的领导人,对卢旺达的未来发展有着清晰的方向,"必须改变人们的观念,让他们尊重工作,努力工作,必须逼他们工作,哪怕逼得他们痛苦不堪。有些人批评我把人民逼得太狠了,但我也是这样逼自己的。我们很穷,还有什么比贫困更让人痛苦?"

这是一段关于苦难的记忆。

30年前,"针对图西族的卢旺达大屠杀"震惊世界。诺贝尔文学奖得主奈保尔这样描写她的故乡:"种族大屠杀后,我们回去都是为了父母,卢旺达是个希望之地,但我对它的记忆却苦涩参半。"对于能从那场灾难中走出来的人而言,卢旺达会穿透痛苦,终将来到一个满是力量与情感智慧的地方。

| 大使展示卢旺达手工艺品

那一年,有一位从17岁就学习牛粪画,并以此为生的妇女,带着她的丈夫、孩子回到卢旺达小镇,希望能重新开始支离破碎的生活。

她需要维持生计,但找不到门路。

站在面目全非的故土，她发现，自从那场悲剧后，很多传统文化元素都消失了。她懂得这项古老技艺的内在魅力，至少能解决最棘手的生存问题，便团结十几位在大屠杀中失去丈夫的妇女，成立合作村。她们边哼唱边画作，宁静安详的绘画过程，能慢慢抚平受伤的心灵，治愈自己，也帮助他人重建生活的希望。

如今，牛粪画已成为卢旺达大部分女性的主要收入来源，也是与咖啡豆、辣椒酱齐名的旅游纪念品。

在大使馆的装饰细节中，牛粪画元素随处可见：进门的地板是黑白相间的几何图纹，天花板的白色灯带、窗户的褐色旋涡花纹、摆在高脚案几上的黑色瓶身，这些秩序规整的几何线条，镌刻在室内的每一处，显现出延绵不息的生命力。

积极发展经济，重建生活的姿态在詹姆斯·基莫尼奥这位外交官的身上体现得尤为明显，他每天的行程安排得很满，从早上8点半开始，开远程视频会议，接待有意向到卢旺达投资的中国企业家，中午草草吃过简餐又接着工作。

在如此紧凑的节奏下，他还会抽时间健身，在他看来，身体健康才能有充沛精力投入到工作中。因为繁忙的行程安排，我们的拍摄多次中断。

现在的卢旺达能做到6个小时办完一家公司的所有注册手续。上传下达的高效率，也获得经济学家林毅夫的赞赏，他说卢旺达是他看好的两个非洲国家之一。

现在的卢旺达已经摆脱了"治安差""环境脏乱"等标签，这里的社会长期稳定，经济持续快速增长。丝路寻访人周国平在拜访了大使先生后感慨道："他们在经历那么大一个创伤之后，我以为他们会是一种很悲惨的状态，但令我惊讶的是，他们非常积极、乐观，他们在全力以赴发展经济，这也是这个国家能这么快从创伤中走出来的原因。"

拍摄结束后，我们在使馆的楼梯转角处，看到了一只山地大猩猩

| 大使一家

憧憬，大使先生打趣地说，"熊猫是你们中国人的国宝，山地大猩猩就是我们的国宝。它们会背着孩子上蹿下跳，会找地方睡觉，它是我们卢旺达最受保护的动物。"

在卢旺达，大猩猩被认为是民族自豪感的来源，也是回归正常生活的象征。正如拯救大猩猩的动物学家 Diane Fossey 在个人日记中所写："当你意识到一切生命的价值时，不必再过多地注意过去，更多地关注当下，保护未来。"

一菲手记：

当一位中国的哲学家遇见一位非洲的大使，不论怎么去想，都会是一次令人期待的碰撞。

这其中有周国平先生对非洲的好奇，也有詹姆斯·基莫尼奥大使对中国文化的憧憬，令我们意想不到的是，音乐成为这次碰撞最美丽的语言。音乐既可以消解一切，也可以唤醒一切。

在使馆里，我们和周国平先生一起融入到大使先生和家人中，跳起非洲传统舞蹈，欢快的身姿在窗户落下剪影，为深秋的夜晚营造出别样的氛围。

我忽然想起周国平先生的一番感触：历经劫难的民族能摆脱悲惨的命运，快速成长并崛起，这是多么令人欣慰的一件事呀！

通往世界的渡口

沙河左岸，青草萋萋。

这里是南方科技大学的校园，也是联合国教科文组织高等教育创新中心的所在地。

这是 2015 年联合国教科文组织批准在中国深圳南方科技大学所设立的亚太地区唯一一个专注于高等教育的创新中心，也是联合国教科文组织在全球的第十个二类教育机构，它主要对全球未来教育体系和模式开展前瞻性研究。

联合国教科文组织高等教育创新中心智慧教室项目首席技术官哈桑

大楼的玻璃门无声开启，身穿蓝色西装、身材挺拔的年轻男子快步走来，他便是高等教育创新中心智慧教室项目的首席技术官哈桑，眼眸深邃的他来自开满素馨花的国

哈桑

哈桑曾在泰国的联合国教科文组织曼谷办工作，他从未想过有一日会来中国工作，还结识到如兄弟般的中国朋友。

在曼谷工作期间，他认识的第一个中国朋友，是一位既聪明又自律的中国企业驻外工作人员，给他留下的印象是中国人都极其友好。后来，曼谷办的中国同事李帆因一件小事，与他成为好友，也是他与中国结缘的桥梁。

曼谷办的一次会议，哈桑提早来到会议室，因会议尚未开始，便留下笔记本后外出茶水间冲茶，回来时发现原有的位置上坐着新来的中国同事，而自己的笔记本也被挪动了位置。这样一个擅自动了他私人物品的小小举动，让哈桑觉得这位叫李帆的中国女孩儿特别没有礼貌。但是，很快在接下来的工作与合作中，他发现这个中国女孩儿不但工作认真负责，还很有人情味儿，后来，两人成为好朋友。

| 联合国教科文组织高等教育创新中心（深圳）主任李铭

没多久，李帆就离开了曼谷办。

不久后，哈桑收到了来自中国的邀请。没错，这是在李帆的引荐下，联合国教科文组织高等教育创新中心邀请他前往南方科技大学，开设讲座分享他在智慧技术和国家组织等各方面的经验。当然，他愉快地接受了这份与自己工作相关，但又能与老朋友重聚的邀约。

哈桑第一次来到深圳，落地机场，一路到达学校，让他惊喜万分。

这里的现代化国际都市、自助化的便捷交通等让他大开眼界，这和他书本上读到的中国和他想象中的同时，他认识了这个组织的负责人李铭先生。李铭开阔的国际视野、大气的格局，很让哈桑欣

南方科技大学原党委书记李凤亮

赏，此后两年里，只要是来自高等教育创新中心的邀请，他都毫不犹豫地答应。

两年后，哈桑接到的是来自李铭抛出的橄榄枝，希望他能加入该中心，参与开展与国外知名高校的教育合作，帮助进一步提升中国教育在国际上的知名度和影响力，为国际高等教育跨越式发展担当"助推器"。

在前期的合作基础上，哈桑毫不犹豫选择只身前来任职。在这里，他发挥所长，担任该中心智慧教室项目的首席技术官。可是，他来入职不到一年，便遇到了新冠疫情。

疫情暴发前期，正值中国春节，高等教育创新中心的中国同事们都休假了，此时哈桑正在自己的祖国巴基斯坦进行合作大学的执行工作，原本他也想在工作结束后留在家乡休假，但是他接到了来自李铭主任的临危"授"命。

2019年12月底，国内疫情愈发严重，武汉开始封城。李铭判断疫情形势严峻，以敏锐的洞察力和观察力，当即做了让大家出乎意料的决定。他联络到哈桑，希望他能坚守在海外，在疫情没有全面铺开，国外还尚未受到影响的情况下，尽快完成相关合作大学智慧教室的建设工作。

这对哈桑来说是个艰巨的任务。首先，三所合作大学分布在三个

不同国家；其次，因为疫情的影响各国对中国来客已经相当敏感，甚至略带不善；再次，同事们都休假了，而他冒着风险继续工作，同事和供应商如何配合？

哈桑（中）与伍应志（左）体验中国银器制作

但是，哈桑并没有做过多思考便答应下来，不顾危险从巴基斯坦起身前往吉布提大学。此时，国内供应商代表伍应志也全副武装，戴着两层口罩辗转前往该校去配合他的工作。

然而，两人在国外的处境并不理想，当国外的人们见到伍应志这张中国面孔时，都唯恐避之不及。在吉布提两人去市场时，有人指着伍应志高呼"中国人！！中国人！"面对人们的无理行为，哈桑忙搂住伍应志肩膀，希望通过肢体语言安抚他，同时向当地人回应道："对，他是中国人，他也是我的兄弟。"这个小小的举动给伍应志带来无比的安慰和力量。为了确保中国伙伴伍应志的安全，他们时时刻刻在一起，两人的情谊逐渐深厚，见面就会给对方来个大大的拥抱。

在外工作，他肩负的不单是技术层面的指导，还需要做好各层面的沟通协作。原本的工作日程因疫情原因提前，而合作方涉及教育部、通信部、技术部的部委高层领导以及校方的校长、技术主管等，沟通变得复杂。最终，他们完成了首个智慧教室的建设工作，意义重大。

第二站他们来到埃及。过程也并不顺利，日程反复多变，惹怒了埃及方面的官员。埃及的艾因·夏姆斯大学有很多校区，哈桑住在工程院校的校区，距离校长办公的校区甚为遥远，他不辞辛劳，连着几天去拜访校长，耐心诚恳阐释中方的实际情况并真诚致歉，终于获得校方、官员们的理解与支持，顺利解决问题并成功安装建设完成智慧教室。

此时，时间已是 2020 年初，疫情开始逐步全球化，柬埔寨校方很感谢此刻中方能够派人来为他们的高等教育赋能，提升基础设施建设的水平，分管教育的副国务卿亲自带领哈桑团队去考察他们的学校。

顺利，同时还收到一份意外惊喜。

柬埔寨金边皇家大学的校长对哈桑说，当年在日本留学作出相似贡献还获得了"校园大使"的荣誉称号，我从你的身上见到了当年的自己。校长还兴奋地为哈桑颁发了"校园大使"荣誉。

这个智慧教室的安装获得了校方的高度认可。哈桑十分谦逊，他认为这份荣誉不仅是属于他个人的，也是属于他们团队的。

自此，拉合尔工程技术大学（巴基斯坦）、艾因·夏姆斯大学（埃及）、吉布提大学（吉布提）和金边皇家大学（柬埔寨）四所大学的智慧教室相继落地并投入使用。它们的成功落地为高等教育创新中心智慧教室打下了坚实基础，并在后来全球疫情暴发期的高等教育教学中起到了至关重要的作用。各合作院校通过智慧教室开展课程录制和在线教学，有效避免了这几所大学的学子因疫情而造成学习中断，就连当地的政府部门，都会通过智慧教室来开国际研讨会，提高工作效率。

身为首席技术官的哈桑功不可没，但当忆及那段有惊无险的海外征程，哈桑笑着说这可是难能可贵的经历，不仅收获了患难见真情的友情，还获得

| 笔者和哈桑（左）

了对自己专业的好评与尊崇，值得！

现在想来，李铭的决策很英明；哈桑的确也很勇敢；为此付出的人们很值得敬佩。结束海外工作，回到中国深圳，已是一个半月后，南国已是一幅春景。

这动人心魄的故事成为高等教育创新中心最辉煌的篇章，这也是该中心落户湾区后的卓有成效的举措之一。

哈桑很热爱他的工作，希望能把中国的先进经验和独特的文化理念分享给更多国外大学和教育官员，这对他来说是很有价值的事业。他认为，中国通过提供自己在教育方面的发展经验来帮助其他国家的教育发展是很好的自我展示以及充分了解的方式。

不管是作为一个中心还是机构，哈桑的面孔代表了联合国教科文组织这个以和平发展为使命的形象，世界上发展中国家的高校教师们通过这张面孔了解了中国，并通过这位空中的使者向全世界传递了来自中国的善意。

一菲手记：

第一次见到哈桑，是在八月深圳的一个咖啡馆里，不大会讲中文，但是他的那份表情中的坦率与热情穿过语言的屏障，总给人一种一见如故的感觉。

在采访过程中，我们发现哈桑就和普通的深圳青年一样，搭地铁、乘公交，踏着深圳步伐急步在十字路口，手握着三明治追着时间是他的常态，即使是疫情期间都能将组织的任务落实到共建"一带一路"的国家。同事们都说他是一个正直、内敛、勤奋的人。

当我问到他是否想念家人的时候，他说："我正为在中国安家积极努力着，这里是我渴望的地方。"

我和中国的化学反应

从古至今，南来北往的人，都把这里当成第一站。

这里就是广州。

位于广州的暨南大学是吸引海外人才的高地。作为中国历史悠久的大学之一，建校已有117年的暨南大学，是我国第一所由国家创立的华侨高等学府。这所百年名校也是最早面向海外华人和外国人招生的学校，因此引进优秀的海外教育专家也成为该校的重要工作。

来自澳洲的化学院士马丁，就是该校引进的优秀海外专家之一，目前他全职担任暨南大学先进与应用化学合成研究院院长。作为南半球的顶尖学者、澳大利亚科学院院士

正在做研究的马丁

的他，不仅主持科研课题，还亲自带硕士及博士研究生，他也是外籍院士中全职到中国当教授的第一人。

于是，我们走进暨南大学校园探访院士马丁。

夏日的阳光将盛开的红花羊蹄甲照耀得分外明艳，随着微风轻轻摇曳，在心里激荡起一阵美好的涟漪。郁郁葱葱的林荫大道，让人在闷热

的八月也感觉到阵阵炎热盎，苍劲粗壮的树干一直暗暗提醒着人们这里是所积淀深厚的百年校园。风景秀丽的明湖微波荡漾，映照着绿瓦红亭，旁边一栋不起眼的灰白小楼就是马丁与暨南大学筹建的先进与应用化学合成研究院。

一进到办公区，首先映入眼帘的便是实验室，身披白大褂的院长马丁正专注地指导着学生做实验，他留着褐金色短发，戴着无框眼镜，显得睿智冷静，看起来是个严谨又严肃的教授。然而当他介绍实验室时，抑扬顿挫的语调、丰富饱满的表情、兴致勃勃的形象又让人觉得他是个幽默风趣但不失儒雅的学者。

其间，他说"化学在我看来是一门艺术"令人印象深刻。枯燥乏味的试验在他眼中是个充满不确定性的神奇演示。同时，这句话充分体现了他对化学的喜爱与热爱，这分态度源自他从小的偶像、诺贝尔化学奖得主伍德沃德的名言："合成，是一门艺术。"

被称为现代有机合成之父的伍德沃德，1965年获得诺贝尔化学奖，是有史以来最伟大的化学家，是20岁就拿到麻省理工学院博士学位的化学天才。马丁很尊崇化学家伍德沃德，青年时期正是伍德沃德最辉煌的时期，他见到伍德沃德授课时一手香烟、一手威士忌，举手投足之间和印象中的化学家形象完全不同。

马丁能来中国执教，要从他的父亲说起。

马丁的父亲约翰是联合国的地质学专家，在20世纪60年代，曾被

| 正在为学生讲课的马丁（右）

派来中国工作。父亲为年幼的马丁带回去了一本《毛泽东语录》作为礼物，同时带给了他对中国的第一印象，"这将是未来发展迅速的国家，从基础设施到城市发展都将是未来非常强劲的国家，有机会一定要到中国去看看"。

然而此后数十年他并未亲自到过中国。直到 2011 年初，一位名叫蓝平的中国留学生来到澳大利亚求学，他与中国的机缘正式开启。

蓝平，中国暨南大学的本硕毕业生，想到国外继续深造并申请了美国、加拿大及澳洲的相关大学，没想到等来了一封热情洋溢的回信。回信人正是马丁，当时他担任澳洲国立大学化学研究院教授，回信中他不仅介绍了自己的研究课题，还将蓝平可以申请的中国奖学金、澳洲奖学金都详细地介绍并做了清单，他非常期待这位中国学生的到来。

马丁的热忱让蓝平倍感温暖，没想到一位院士能给予自己如此细致的回复，他毫不犹豫地拜师在马丁门下。

马丁不仅是位专业的导师，还是一位暖心的恩师。马丁亲自到机场去迎接蓝平，一出机场就开车载他到超市购买生活用品。口袋里仅揣着国家补助的 1700 澳元的蓝平，见到货架上标价不菲的商品，囊中羞涩，内心忐忑不安。马丁看出了蓝平的顾虑，宽慰他："舒适的生活是保障学业顺利完成的基础。别担心，有我在。"说完，主动为其埋单。

| 马丁（左）和蓝平

此后，马丁教授开启了"双城生活"，学业上开启了无间断的模式。独自在异国他乡求学，能遇见如此关爱自己的人生导师，蓝平非常感激这位人生贵人。

不久，蓝平代表暨南大学邀请马丁前往中国进行学术交流。一直对中国有所向往的他愉快地答应了邀约。

来到广州的马丁第一次见到了真实的中国。正如当年他父亲所言，中国一片欣欣向荣之景，城市繁华、产业基础优良、科学研究支持力度大。此后，每年他都会到暨南大学进行专家交流，从刚开始的一周，慢慢变成一个月，最长的时候待上了三个月。

蓝平学成归来，关注到国内糖酯工业经过20余年的发展仍处于起步阶段，在国际糖酯市场上缺乏有竞争力的产品。如果能打破国外的技术垄断，实现高质量蔗糖酯国产化，具有重大的现实意义和经济价值。

于是，他想起了恩师马丁，便邀请其来暨南大学共同研发。头三年，马丁的时间分配是一半中国，一半澳洲。

恰逢2018年，马丁计划正式荣休，暨南大学主动抛来橄榄枝，希望邀请马丁能来暨南大学全职任教，并支持他筹建先进与应用化学合成研究院，支持他的课题研究并以此推动中国化学研究的发展。

经过反复沟通和深思熟虑，以及蓝平的积极助攻，2019年马丁正式全职入职暨南大学并担任先进与应用化学合成研究院院长，在第一年便招收了多名硕士研究生，到2021年还招收了外籍博士研究生，一个国际化的、专业度高的、发展强劲的科研及教学平台已初步建设完成。

而他们的蔗糖酯研究也日趋成熟，马丁院士团队以解决蔗糖酯"卡脖子"技术为目标，并已成功探索出一条新颖且高效的蔗糖酯制备路径，这项技术的成功将打破国际上在该领域的技术垄断，而马丁来华的一大宏愿——实现高质量蔗糖酯的进口替代必将指日可待。

这些年来，马丁已经爱上了在中国的生活。除了在学校做研究、带学生，他还喜欢到健身房运动、游泳。同时也喜欢邀请蓝平和同事们前往他的小公寓聚餐、喝点小酒。

他喜欢到市场采购新鲜食材，这是正在努力学习中文的他最佳的口语练习场所。待他亲自下厨，烹饪出美味的西餐，在餐桌上与大家举杯相谈。

"你还会有诺贝尔化学奖的梦想吗？"

"人要现实点，如果执着获奖，会对个人的生活产生消耗。有机化学，是无限广阔的世界，在特定的细分领域深耕，能作出些贡献就很好。我仍然愿意当老师，引导他们喜欢、热爱化学，培养出新一辈的化学家。"

马丁放下酒杯，若有所思："生命起源于有机物质，我在这个领域45年了，也在思考能不能做个创新的实验：用水、空气、闪电在封闭环境下作用产生某种化学有机物。"他这个奇妙的构想，引发了众人的笑声与深思。

马丁总爱幽默地打趣："我是绿的。"他觉得自己仍是青壮年的"绿叶"，还不是已老的"黄叶"。在可预见的将来，他会继续在这里工作和生活。因为在2020年，暨南大学已成功引进马丁的大儿子担任该校讲师。

马丁的家人都在澳洲，太太也是大学教授，两人育有两个帅气的儿子。他们都曾陪同马丁来过中国。一家人曾经到访北京、上海以及长江三峡，甚是喜欢中国。

2020年的正月，新冠疫情暴发，不顾自身安危的马丁准时从澳洲（结束休假）回到广州。因为疫情的全球化和不确定性，

| 笔者与暨南大学校长宋献中（左）

马丁长久与家人难以团聚。曲此，在马丁的建议下，大儿子也申请了暨南大学的教师职位以求能够来中国与父亲团聚、一起生活，所以很快地被喜爱国际人才的暨南大学成功引进。

2021年，马丁作为在中国现代化建设和改革开放事业中作出突出贡献的外国专家被授予中国政府友谊奖，在北京受到时任国务院总理李克强的接见。

马丁以此自勉，希望能尽快实现蔗糖酯的替代生产，能够尽可能多地培育化学人才，突破更多的化学合成研究难关。

青青子衿，悠悠我心。

马丁喜欢跟他的学生在一起，那时他会感觉到无比的开心。他常说，爱上了这所学校，是从爱上了他的学生们开始的。

其实在他眼里，爱就是最大的化学反应。

一菲手记：

认识马丁我才知道，热爱是不需要理由的。

一般的人都会认为大学教授充满学究气，对待生活也很严谨。通过与马丁的近距离接触，才知道他是一位热爱生活、充满活力的良师益友。

教育的本质，卡尔·西奥多·雅斯贝尔斯曾说到，一棵树摇动另一棵树，一朵云推动另一朵云，一个灵魂唤醒另一个灵魂。

这句话用到马丁和他的学生身上，再贴切不过了。无论是对蓝平的专业教育，还是对他生活的关心与呵护，再到我们采访的每位学生，每个人提到他，眼中都泛起浓浓的感激之情。

在马丁教授看来，广州就如同他的家一样，学生们就如同他的孩子需要用心去呵护，用爱去祝福。

莱茵河畔的老友记

"离开德国的那日,正值大雪纷飞的平安夜,一百多位同事站在使馆门口为我送行,当我登上飞机的时刻,大使的使命完成了,但是我作为外交官的使命并未结束……"

已过杖朝之年的卢秋田大使,头戴编织渔夫帽,颈间系着艳色方巾,默然端坐那里,如山寺的古钟,沉静笃定。

人们常常称他为"戴帽子的大使""哲学大使"。他抬起手腕看看表,语速

原中国驻德国大使卢秋田

不紧不慢,微笑着自谦道:"我仅仅是一位喜欢哲学的大使。"

德国的历史人文天空,群星灿烂,有文学家、诗人、音乐家以及康德、叔本华、尼采等著名的哲学家,这些智者汇聚成宇宙之光,照亮人类前行的道路。

卢秋田大使直言不讳,除了马克思恩格斯以外,他推崇的哲学家是德国古典哲学创始人康德,因为他不仅仅是哲学家,还是天文学家、星云说立论者之一。在德国,康德的影响力类似孔子在中国的崇高地位。

卢秋田经过多年在德国生活的经验与哲学交流,发现德国学者对

中国的老子思想也很推崇。德国哲学大师黑格尔在《历史哲学》中说："中国人承认的基本原则是理——叫作'道'"；"道为天地之本、万物之源"。另一位德国哲学家尼采曾这样评论老子，说老子是思想集大成者，《道德经》

周国平（左）和卢秋田相谈甚欢

是一个永不枯竭的井泉。甚至卢秋田的老朋友德国前总理施罗德也曾在电视上呼吁，德国的每一个家庭都应该有一本《道德经》来帮助解决思想上的问题。

而施罗德与卢秋田的缘分，在他看来得用哲学的辩证观解释，"偶然性与必然性的统一"。他们的相遇相识，带有一定的偶然性，但是他们深厚的友谊却是必然的。

1956年，卢秋田被外交学院录取后，除了上公共课，还需要选一门语种学习。有人建议，他在中学有六年英语学习基础，选择继续学习英语比较好。但他非常仰慕马克思这位德国卓越思想家，于是毫不犹豫选择了德文，也注定了他将与德国结下不解之缘。

他认为这是自己人生最为重要的选择之一，他也没想到德文将会伴随他漫长的人生之路。如果时间能倒流，再重新选择，他仍然坚持选择学德文。

1995年，离开卢森堡大使岗位以后，卢秋田被任命为中华人民共和国驻德国公使。

此时年月，他与施罗德相遇。上任开初，他便从波恩出发，驱车600公里，去拜访时任下萨克森州州长的施罗德。当天下午4点，在下萨克森州的州府汉诺威准时与州长施罗德会面。

原本一场履职后的政务会面,开场时施罗德出乎意料地与卢秋田拉起家常。施罗德先问他怎么来的,他说自己一个人开车。

施罗德也大感意外,随即关切问道:"你独自一人开五个半小时的车程,不累吗?"

卢秋田回答他:"虽然很累,但是为了见你,为了中德之间建立省州友好关系的事,再累也值得。"

短短的开场,施罗德的平易近人,卢秋田的坦率真诚,竟让两位政要惺惺相惜。

于是,通过卢秋田的诚意拜访,详细地介绍历史文化、经济发展情况,施罗德爽快地与卢秋田达成一致,下萨克森州将与安徽省缔结为"姐妹城市"。而他们的友情,也从中德两国的两座省州的美好交往开始了。

1997年,卢秋田成为中华人民共和国驻德国大使,而施罗德也恰好当选为第33任德国总理。两人再次见面时,卢秋田主动提出"中德两国不该总是无休止地在人权问题上引发争论,应当在相互尊重和平等的基础上进行对话"。因此,他们探讨出一种模式——中德法治国家对话,并签署了《中德法律交流与合作协议》。

"法治国家对话"机制正式确立,利用该机制来消解争论,此举在中德关系以及中欧关系上具有开创性的意义。

和这位特殊的德国老友相处,卢秋田总是坦诚又直接。

1999年,在卢秋田大使的陪同下,施罗德访问上海,他建议这位德国总理见到市长时,直接谈对上海印象的真实感受就好。施罗德便说出他的三点真实感受:上海的交通畅通;上海的空气清新;上海的建筑很漂亮。

时任上海市市长的徐匡迪,笑着一一回应他:"您感到上海的交通通畅，是因为您坐的车是专人开道的车；您觉得空气好，是因为入住在位于浦东的香格里拉大酒店，您经过的路是上海最繁华且非常有历史的南京路，所见的建筑肯定漂亮。"

听完这回答，三人都会心地笑了。因为他们都使用了卢秋田大使所一贯坚持的沟通原则：讲真话。而他们也真心为彼此能敞开心扉的真诚相待感到喜悦。

要说与施罗德交往的有趣瞬间，数不胜数。

2012 年，施罗德访问贵州，当他与贵州省省长分享心得时就提到"贵州有两个字让他印象深刻，一个字'绿'、一个字'红'"。这样的回答出乎人意料，纷纷开玩笑猜测他身后必有"高人"支着儿。

的确，这个高人就是他的中国老友卢秋田。

因为施罗德每次到访中国，必是卢秋田陪同，同时他也习惯性地问问老朋友自己应该关注哪些亮点。卢秋田就告诉他："贵州就两个字形容，一个'绿'，生态自然；一个'红'，革命圣地。"

卢秋田总是希望自己能够为中德之间的友好交往、文化交流多作一些贡献。但他殊不知在欧洲 28 年的旅居生活、在德国工作的 7 年时光，日耳曼民族的守时、诚信、务实、严谨等习性深深影响了自己。在交谈中，他不时留意腕表的时间，每一分每一秒都如齿轮咬合那么精准。

就如德国著名的工匠精神，他极为推崇。德国是强大的制造业国

| 中国前驻德国大使卢秋田（右）与周国平

家，他们的制造业是百年磨一剑的发展过程，产生了许多不上市的隐形冠军企业。他们集中于他们擅长的传统产品，将小规模做到极致，做到全球化。这是德国商业的秘密，也是商业的哲学及工匠精神的体现。他很希望有机会在国内多推广这样的优秀品质。

州的起点，聚集」一批对德国有情怀的外交官，组织了一个山东青岛中德交流合作协会，致力于中德文化的民间交流与合作。

不久，他就邀请老朋友施罗德前来青岛交流考察，并协助他推广工匠精神。

卢大使颇为自豪地说，德国是有工匠精神的国家，但不是唯一的国家。我们中国的工匠精神自古有之，从庖丁解牛、运斤成风、百炼成钢的成语，到故宫的建筑、文物，民族企业的华为，都具备大国工匠精神的特质：认准目标、埋头苦干、精益求精，耐得住寂寞，经得起诱惑。

新时代下的我国大国工匠精神既是对中国传统工匠精神的继承和发扬，又是对外国工匠精神的学习和借鉴，综合民族精神和现代化水平的大国工匠风范。

几乎每年都会邀请施罗德访问中国，施罗德总理访华 23 次，他就陪同了 21 次。卢秋田曾问施罗德总理，别人说他头上有三顶帽，问他愿意戴哪一顶。一顶是"欧洲资深政治家"；一顶是"德国前总理"；还有一顶是"你是中国人民的老朋友"。

施罗德毫不犹豫答复，他只要第三顶——中国人民的老朋友。

这样的回答，是他通过卢秋田所展开的中国画卷所折服的答案，是他通过卢秋田的真诚为人所信服的感动，是他 23 次访华所真听真看真感受的确定。

卢秋田认为，做官是一时的，做朋友是一生的。两人间的情谊早已超越时空与国界，这也许是卢秋田大使对莱茵河畔念念不忘的缘由。

809.

"如水的流板，难忘的记忆。"

莱茵河承载了他太多的友情和美好的过往，他叫卢秋田，一个将一生都奉献给祖国外交事业的外交官。

知所从来，敬所从来。卢秋田出生于中国文化底蕴深厚的江南水乡绍兴，古老的中国传统文化的熏陶，烙印给卢秋田敦厚而练达的性情。

性格比能力重要，性情比智慧更能影响命运。

既有中国文化的内在韧性，又具备西方文化的开放性人格，这一切让卢秋田在国际的外交舞台上如鱼得水。以他跟德国前总理施罗德先生的交往经历来看，正是因为他的个人风格与魅力赢得了施罗德先生的认可，施罗德先生也通过他认识并了解了真实、客观、立体的中国。

他为特定时期的中德友谊贡献了一分难能可贵的力量。

寻回失落的影像

从来没有一种画作，将百年前的中国市井生活刻画得如此逼真。

画中的人物，或仪仗出行，或案边绘画，或戏曲表演，也有舞龙、舞狮、闹花灯、赛龙舟、市井买卖，甚至还能看到打小孩屁股的场景。

这就是风靡一时的外销通草画。100多年前，在中西贸易兴盛的广州口岸，广州画师率先采用以通草片（由一种名叫"通脱木"的植物茎髓切割而成）为画纸，以水彩或水粉为颜料，绘制出反映中国社会风情的外销通草画，很快，这些生动有趣的画作成为来华经商的西方人士必购的中国"明信片"，并随同他们搭乘商船，漂洋过海，万里远航。

如今，通草画作品散落在世界各地，当我们听

| 通草画

| 阿莱斯特·布莱克布恩收藏的1820年通草画

说一位英国先生和这种"明信片"有着密切的关系，摄制组即刻启程奔赴英国曼彻斯特。

故事从一幅 1820 年的通草画开始。

这幅通草画作品，描绘了中国广州端午节赛龙舟的场景。迎风飘扬的龙舟旗、卖力的鼓手与划手、正襟危坐的裁判……与现代的赛龙舟场景极为相似。

这幅画的收藏者阿莱斯特·布莱克布恩，是英国乃至欧洲唯一集中收藏 19 世纪广州外销通草纸水彩画的画商，被广州藏家亲切地称为"老布"。

有趣的是，老布竟然把我们约到了索尔福德码头，这里正在举办 2023 全英中华端午龙舟会。当决赛的号角吹响，万箭齐发，两岸人声鼎沸，这让我们感到既新奇又亲切，老布告诉我，为了这场盛大的赛事，他的好友杨汉新博士筹备了一年多。在熙熙攘攘的人群中，我找到了正在忙碌中的杨博士。

他向我们讲起了举办这项活动的初衷："我们是从 2012 年开始做这个活动，那时我们只有 15 支船队，只有几百人，我们的初心就是把龙舟划向

2023 全英中华端午龙舟会现场

国外，让世界了解中国，彰显我们的文化自信。我们和索尔福德市政府、英国龙舟竞赛俱乐部联合起来做，吸引更多人参与进来。"

作为当地政府代表，索尔福德市市长 Paul Dennett 也在现场观赛，在镜头前，他说道："一起庆祝中国的端午节已经成为我们文化日历中的年度活动，这是一件很棒的事情。索尔福德的华人群体，对我们城市、整个大曼彻斯特郡和北部地区作出了众多贡献。因此，为华人群体提供平台、时间和空间，让他们与更多群体一起庆祝他们的文化、传统和遗产，这正好体现了我们索尔福德市的精神。"

笔者与大曼彻斯特副市长、索尔福德市市长 Paul Dennett

历经十多年的发展，全英中华端午龙舟会已成为欧洲规模最大的龙舟竞赛会，是人们得以相聚相融、翘首期盼的盛事，正如中国驻曼彻斯特总领馆副总领事杨治宇所言："相互融通、相互交流就是文明互鉴，所以我觉得在这里庆祝端午节和举办龙舟赛，既是'走出去'向他们讲好中国故事，也是'请进来'让他们更好地了解中国文化，是一个双向交流的过程，因此受到了当地民众的广泛欢迎。"

老布就是龙舟赛的头号粉丝，当时，收到杨博士的观赛邀请时，他毫不犹豫答应了。老布收藏着十分珍贵的赛龙舟主题画作，这一次，他终于能亲眼看到画中的中国龙舟赛。从 200 年前的通草画遗存到眼前正在举行的龙舟比赛，仿佛时空穿越。老布感慨道："我把这幅画带到这里，也是想让你们知道，200 多年来，我们一直对龙舟赛非常感兴趣。虽然眼前是一次现代的龙舟活动，但却是对你们文化的一种非常传统的

英国通草画收藏家老布（Alastair Blackburn）与中国太太许雯（Wendy Xu）

赞赏。"

老布对中国传统文化的赞赏与他的成长环境息息相关。

他的家位于英格兰西北部，一个名为麦克尔斯菲尔德的小镇，400年前，镇上的一切都与丝绸相关，有丝绸博物馆、丝绸足球俱乐部、丝绸酒吧、丝绸咖啡厅，还有丝绸礼物商店。从18世纪到19世纪初有150多家丝绸工厂。有史学家将这里称为"古代丝绸之路在欧洲延伸的最西端"。

如今，镇上还有一个"丝绸博物馆"，老布与中国太太许雯在这里开了一个通草画展览，他们希望更多人关注到十八九世纪来自中国的绘画艺术。

老布的妻子许雯是地道的西安人。当年，她在伦敦开了一家中医药店，致力于传播中国中医药文化，这期间，老布来到店里与她结识。老布一直从事金融、外贸方面的工作，却对艺术品情有独钟，最大的爱好是收藏欧洲油画。

两人结婚后，一次偶然的机会，他们在伦敦古董市场发现了几幅描绘中国风情的小画，老布立刻被其丰富的色彩，独特的立体感吸引，后来他们才知道，这就是在当代已经销声匿迹的中国通草画。

从那以后，夫妻俩沉浸于收集散落在英国乃至欧洲各地的中国外销通草画，他们不曾想到，一次偶然的发现，会成为毕生的事业。

他们在小镇上的家，如同一家通草画博物馆，一楼的墙上挂了400多幅通草画，二楼是从各处收回来但还没来得及拆箱的通草画，数量超过2000幅。"我们与广州的收藏家及研究学者携手，一起收集通草画，并让它们回归中国，现在广州博物馆、十三行博物馆等机构收藏的通草画，大多数是我们收集来的，我们家也被称作通草画回归的'前沿码头'。"

在广州十三行博物馆，我们看到了老布夫妇从欧洲各地收来的通草画，我们发现，每一幅画上都有同一个名字：王恒。

王恒先生是老布夫妇的朋友，也是一位地道的老广。20年前，他将从世界各地购买回国的一批历史文物共计1558件无偿捐赠给正在兴建中的十三行博物馆。此后直到现在，他还在不断地向十三行博物馆捐赠藏品，总数超过了5000件（套），可以说，他为广州十三行博物馆的筹建和顺利开馆作出了巨大贡献。王恒先生捐赠的藏品中，就有500多幅通草画作品，其中还有些是成系列、十分罕见的珍品，具有不可估量的价值。

王恒告诉我们："我希望可以让更多漂泊在海外的通草画尽快回归。我想看到更多先辈们生活的样子，那种感觉很奇妙，似乎重新认识了自己的过去。"

由于老布夫妇、王恒先生这群人的努力，通草画得以重回大众的视野。然而，鲜少有人知道那段失落的历史。

在相当长的一段时间里，由于时代的发展和摄影术的兴起，通草画一度销声匿迹，人们第一次知道它的存在，是在20多年前的一个秋天。

那一年，一位名叫伊凡·威廉斯的英国老先生，带着一批绘画作品，踏上了广州这片古老的土地，期望循着画上标注的街道门牌和画铺名号，寻找当年的故地。因为历史的变迁，伊凡老先生未能如愿，但是他这趟旅程，第一次让老广们知道了通草画的存在。

伊凡·威廉斯带来的通草画，全部出自十八九世纪的广州人之手。那些漂洋而来的商人、旅行者、传教士在广州口岸进入中国后，全都要在广州选购画作。西方人觉得它们稀奇有趣，作为旅游手信，赠送给亲朋好友。一时间，广州的通草画成为"明信片"，也成为外商做生意的"产品说明书"，更成为欧洲人了解中国的"百科全书"。

后来，伊凡老先生将这几十幅不同题材的通草画捐赠给了广州博物馆。而这批画，改变了一个叫张静的女孩的人生轨迹。

| 广州美术学院附中教师、通草画画家张静

"2016年的时候，我刚从美院研究生毕业，对于未来的方向比较迷茫。那时候正好广州博物馆举办了一个展览，展出的是一个英国老先生伊凡捐赠的通草纸水彩画藏品，那是我第一次见到通草画，就觉得很新奇，被它深深吸引了，于是带回几张通草纸，尝试临摹一些通草画作品。没想到一下子就扎进去了。"

张静开始对这项失传百年的工艺产生兴趣，并尝试临摹一些通草画作品。"当你用高倍显微镜观察通草纸的时候，会发现里面的植物细胞结构，六边形的腔体细胞像蜂窝一般。当画师们上色的时候，颗粒状的矿物颜料就填充进它的细胞里面去了。光经过细胞壁的折射，颜料就能在纸上呈现斑斓缤纷的效果。"

一幅通草画的创作，要经过上色、晾干、再上色、再压平等繁复的工序，至少花费一个月的时间，需要极大的耐心和毅力，张静回忆到，她经常伏案画画，一抬头才发现天已亮。

目前，张静正在尝试创新通草画——把人物的皮肤和服饰、动物的皮毛付诸通草纸，让纸张的质感和优势得到更好的发挥。

一幅通草画连接起了老布夫妇、王恒和张静，还有一批通草画研究学者，他们各自与通草画结下了不解之缘，正是因为他们的努力，一段失落的记忆慢慢被拼接起来。这样一幅小画，嵌满了岁月的温情，给我们的时代平添了无限的回味。

一菲手记：

在距离广州万里之遥的曼彻斯特，我与老布先生坐在运河的码头边，他小心翼翼拿出那幅珍藏的通草画，那一瞬间，我惊喜地看到，一张轻薄的纸上，绘满了200多年前人们生活的模样。在那个相机是绝对稀罕物的年代里，通草画成了我们今天和前人对话少有的影像，它让我们知晓那时人们生活的微小细节，让我们带着一种温情的目光看待过去。

时光虽在流走，生活却不褪色。

万里茶道

不论是从时间还是从空间，我们都可以追溯到一条山道所能勾勒出的漫漫茶道。

山叫武夷山，道是万里茶道。

17 世纪，中国茶从南起的福建武夷山下梅村开始，经江西、湖南、湖北、河南、山西、河北、内蒙古，向北延伸至乌兰巴托，经过蒙古国到达俄罗斯恰克图，深入俄国境内，远至中亚和欧洲其他国家。共 13000 多公里的万里茶道，是中国继"丝绸之路"之后，于 300 多年前由中俄两国茶商，在亚欧大陆上开拓并持续繁荣三个多世纪的一条国际古商道。

| 笔者在山西常家庄园

在福建武夷山下梅村，闽南地区的小桥流水人家的风貌，有别于江南水乡的绵柔风情，一条小河由高而低地次第缓缓淌来，沿河两岸，低矮的瓦房兴建成一条棕褐色调的老街集市，百年老茶铺鳞次栉比，一溜茶铺房檐都挂着写有"茶"字的大红洒金灯笼，在风中摇曳生姿，招徕远方的买茶客，浓厚静谧又亲近的气息扑面而来。

下梅村的邹家茶庄经营着茶铺商号"景隆号"，已有数百年历史，至今邹家人依旧传承着祖辈家业。远处的山上，邹家的百年茶园里茶叶正发着新芽，茶农们正忙于采摘；近处山脚下便是古朴大气的邹家茶庄。

这座有着300年历史的清代茶庄，由两人高的石砌围墙将河边一处宅院围拢起来，随之走入便可以看到古老的验货门，土黄色的泥屋墙，再往里走两旁是青砖砌成的幽长深巷，最终来到大宅的内院正门口。大门右侧石门柱上，前人用墨写下的"景隆号"深深潜进石板的肌理中，褪之不去。木质牌匾的鎏金字写着康熙五十七年的字迹。

| 常家庄园

走进屋内，墙体全由实木包裹，"景隆号"茶庄内，还保存有手工做茶的揉捻机、压制茶饼的机器，当老房屋顶上投下的阳光洒进古烘焙房的竹笼屉上，一瞬百年的感觉弥漫开来，时光的每一刻里都渗透着茶香。

在这丝丝茶香间，不禁会问，在那个物流并不发达的时代，这小小的茶叶是如何跨越万里走出国门的？

邹氏第三十代传人邹应文解开了这个疑惑。"景隆号"茶庄又称"晋商茶庄"，"景隆号"是其祖辈、清代康熙年间下梅茶商邹茂璋与山西晋商合作经营茶业时设立的第一个茶商号。

与邹家合作的山西晋商是指榆次常家，是山西晋商八大家之一。初来乍到的晋商常氏见到邹氏在茶叶交易中注重忠诚信用，遂与"景隆号"茶庄建立长期合作关系。邹氏也腾出仓库和厢房，给常氏储存囤下的茶叶，还为他们远道而来的十余峰骆驼搭建喂料棚。为了防止当地匪帮盗抢山西客人的茶货，"景隆号"出资建了高墙，与外界隔开，出入口设卡查验商家茶货，有效保障了晋商与邹氏的平安经营。

因此也就有了前面介绍的一进门是两人高围墙以及验货门，而这也就开启了邹常两家百余年的往来与合作，成为商贸世家。原来，这些小小的叶片就是由晋商将其从中国南方一步步运往北方，销往国外的。

在距离福建武夷山1500公里外的山西榆次，常家可是当地响当当的名门望族，被称为"儒商世家"，常家庄园也是声名赫赫的大型宅院古建筑群，占地12余万平方米的常家庄园，建筑恢宏大气，文化氛围浓厚，有500多年的历史。从乾隆三十三年（1768年）始建，到光绪八年（1882年），历时114年建成，它是规模最大的晋商大院，也是中国最大的庄园式建筑群。在山西，流传着"乔家一个院，常家两条街"之说，可见这座庄园的面积之广。

杏花疏影，柳下笛音。

我们跟随榆次常氏第十九代常孝东先生走进了常家庄园。园里的杏林，几百株杏花，红红白白，如喷火蒸霞一般，亭台楼阁的湖光山色，前有庄园后有良田的布局，既有厚重大气的北方恢宏气势，兼具江南灵秀精致的神韵之美。

瘦高个的常孝东，气质儒雅，听着常先生的话语，从前车水马龙的热闹景象，恍如昨日。踏着平坦石板古道前行，抬头见到篆刻着金色字体"常氏宗祠"的蓝底巨匾，蒙着一层岁月沧桑的斑驳印痕；正匾之左，是清代光绪元年（1875年）山西巡抚曾国荃所赠的"艺舟仪济"匾；右边则是光绪二十九年（1903年）山西巡抚赵尔巽奉朝

笔者与万里茶路晋商开拓者常万达后人常孝东（右）

廷旨意赠给常氏的"乐善好施"匾。

门前两尊石狮像头顶是两盏用浓墨楷书分别写着"忠恕""孝悌"的红灯笼，隐现着常氏家族注重家规、家风传承的书香气息。跨过门槛，祠堂前院的松柏槐树，错落相接，覆了一地的森森绿荫。

| 常家庄园细节

祠堂正厅供奉着常氏列祖列宗的牌位，居正中最高处者，是常家始祖常仲林。正厅两侧的配厅，陈列有《常氏家乘》与《常氏家谱》。与人人知晓的学而优则仕不同，常家人遵循着代代相传的学而优则贾的家训，使得常家成为晋商中少有的儒商。

常孝东领着走进挂有"中国儒商第一家"条幅的茶室，整面墙上张贴着巨大的路线图，常先生主动介绍起来："晋商对外商业活动路线图，就是万里茶道的路线图，起点在福建武夷山下梅村，用竹筏运至古时叫崇安县的武夷山市，大部分晋商都是从那儿采购茶叶，通过独轮车运送到江西的河口镇，换水路船运过长江到汉口，然后再过襄阳到赊店、洛阳，而后套上马车进入山西境界，到张家口往北就得换上驼队，继续往北，一路风餐露宿，山水兼程，往往需要花上七八个月时间或一年才能将茶叶送至俄罗斯的边境城市。若遭兵荒马乱的年月，还得防备劫匪抢货，可算得上是闯关口的惊险之旅。"的确难以想象，在当年交通极不便利的情况下，一筐筐香茶，竟然从武夷山运送至相距万里之外的莫斯科甚至更遥远的欧洲。

晋商，作为万里茶道的开拓者，他们远去的身影渐渐浮现出来。据《山西外贸志》记载，在恰克图对外贸易的众多山西商号中，经营历史最长、规模最大者，首推榆次车辆常家。

榆次常氏始祖常仲林，在明弘治十三年（1500年）由太谷惠安迁居榆次车辆村，以务农帮工度日。辛劳间隙苦读诗书，历经七代，家境渐佳。

八世常威离乡赴张家口经商，开"常布铺"经销榆次大布，掘得第一桶金。历经十余年苦心经营，在张家口创办了"大德常""大德玉"商号。

常威和他的两个儿子以张家口为根据地，把内地的烟茶布匹、粮油铁器销往塞外，将蒙古草原的牛羊马匹、皮毛制品发回内地，经营范围不断扩大。长子万玘接过"大德常"，和他的子孙们做起内贸生意，逐步创立十数个"德"字商号，人称"十大德"，商号遍布全国几十个城市集镇。三子万达，则扛起"大德玉"的大旗率领他的"十大玉"商团（字号中都带有"玉"字）选择了一条风险更大、更具挑战性的外贸商路。

常家第九世常万达是万里茶道的开拓者，是从他父亲常威手里接过"大德玉"的商号，和其他茶商一起开始了万里茶道的漫漫征程。他还成立了五连商号进军莫斯科，光绪十九年（1893年），常家和恰克图之间的茶叶交易量达到了486万公斤，成为对俄贸易里程碑式的人物。一张常家开设在莫斯科的商号"独慎玉"的店铺画面、商铺门联写着俄文的老照片就呈现出常家兴盛时期的面貌，并且常家的生意版图从俄罗斯腹地莫斯科延伸到俄国首都圣彼得堡，再扩散到整个欧洲。

中国的驼队，沿着草原、荒漠，经过大山、大河穿行在丝路花雨中，驮着茶、盐、米、粮越过风雨，沧桑往前，往往有两千多人的队伍，一千人是驼队，一千人是护送这趟重要旅程的异国护卫。

我们沿着这盏茶香投身历史长河中，寻找到茶在世界格局中的下一个坐标。

乌兰乌德，处在俄罗斯与中国、蒙古国"商贸之路"的有利位置上，所以迅速成为俄罗斯东部重要的商贸中心。晋商的驼队，就是从这里开始由哥萨克人组成的茶路护卫队一路将晋商送往中俄指定的茶叶交易城市。

丝路寻访人、知名学者曹景行老师曾亲自前往乌兰乌德寻访万里茶道的重要遗址，在锡林杜马，色楞格河旁哥萨克人的后代穿着隆重华丽的传统服饰，以及护卫队的服装迎接远方客人的到来。

哥萨克护卫队的后人拔出军刀横向平放着，着藏蓝色长袍的女士将酒杯放在刀上，接着他用刀将酒杯递向曹景行老师。满满一杯酒，一饮而尽，豪气万丈，曹老师的豪爽得到哥萨克人的热烈掌声。

在茫茫草原上，两位头发花白的老人，遥望深凹的路痕，畅想当年壮举。哥萨克人对茶商、茶叶的护卫在当年对商队旅途的平安、货物的运输都起了相当大的作用。

数百年后的今天，仍然有中国人千里迢迢辗转来此寻访前人足迹，驻守在这里的当地人依然以礼相待。短短时光，驻足回首，已是三个世纪，但大家都很清楚，行程即路程，去往距离乌兰乌德近300公里的恰克图，那是哥萨克人护送驼队要到达的目的地。

恰克图，如今位于俄蒙边境，是清代俄中边境重镇，俄语意为"有茶的地方"，作为中俄交界地区的重要贸易点而盛极一时。俄罗斯和清朝政府签署边境条约之后，在俄罗斯边境城市恰克图，俄罗斯人用自己的货物换中国茶。在当时，在恰克图进行贸易往来，是俄罗

| 曹景行（右一）在恰克图感受哥萨特人欢迎仪式

斯进口茶叶的唯一合法方式。恰克图被分为南北两半，南城被称为买卖城，是茶叶储存和加工的集散地及贸易区；北城是俄罗斯人居住生活的区域，被称为恰克图。

在恰克图于 1890 年建立的万里茶道博物馆，保存着大量珍贵的中俄茶叶贸易的真实物证，众多的图、文、实物资料，向人们默默倾诉恰克图的昔日荣光岁月。

博物馆内陈列着无数块状、条状的紧致茶砖，上面刻印着不同商号的印章，说明了当时在恰克图经商的商号、商人、商铺众多。各式各样的茶盒、花纹繁丽的茶叶包装，一律讲究地用上了寓意吉祥的彩色图案。墙上黑白的老照片中，真实看清了驼队的样貌，看到了无数清代中国人正在制作、加工、搬运茶叶。

一座残破的老钟，孤零零地摆在博馆物的显眼处。博物馆的副馆长介绍道："这是当年买卖城毁了以后，作为收藏品换过来的。这是一口由中国人制造的古钟，钟面刻有定制者的姓名、铸造地址，也清楚地标明了这些人来自买卖城。"

雕刻着海藻纹路的钟面，清晰可见"山西省汾州府汾阳县信士"的一排工整字体，引起曹景行老师的注意，他感慨万分，倘若这位汾阳县信士的后代能看到祖先定制的老钟就好了，说不定是他们家族文化传承的信物。这也足以说明晋商在恰克图已扎根当地。

俄罗斯联邦布里亚特共和国恰克图地区恰克图市市长斯捷帕诺夫·叶莆根尼·瓦列尔耶维奇说："恰克图和晋商有着密切的贸易往来，恰克图现在还保留着很多关于中国茶的传统风俗和故事，这对恰克图的城市发展起到了极大的作用。"

以茶叶等日常消费品为主要商品的恰克图互市贸易经久不衰，持续了近两个世纪。特别是 19 世纪中叶前，中俄贸易几乎全部集中于此。小小的荒漠之丘，一时名声大噪，成了中俄贸易的"咽喉"要道。当年熙熙攘攘的热闹景象都被湮灭在历史的滚滚长河中，但中国茶从这里启程，由茶商们一片片运抵遥远的欧洲。

2013年，在第二届万里茶道与城市发展中蒙俄市长峰会上，中蒙俄三国共签署十余项协议，并共同发起申遗倡议。此届峰会将来自中蒙俄万里茶道沿线31个城市再次紧密联系在了一起。

2014年，在中俄蒙万里茶道的沿线城市市长峰会上，晋商后代常孝东与下梅村邹氏后人邹应文相遇，两个家族在百年后重逢。

作为常家后人的常孝东，在常家几十个老字号大部分被别人注册后，抢救回"大德常"商标并申请注册下来，立志专注做与茶产业、茶文化的活动及弘扬常氏所创造的"商儒并重、以义制利、劳资共创、家国兼济"的儒商精神。

邹应文也重启"景隆号"，希望恪守"用好心、种好茶、做好茶、卖好茶"的商德，将祖辈家业发扬与继承。

财上平如水，人中直似衡。

| 笔者品茶

邹常两家再续百年前缘，在邹家临河而设的茶室，邹应文将鲜红的印章盖在"景隆号"茶饼上，常孝东在茶饼签字处落下名款，邹常两家再次携手，都希望坚守初心，继续传承万里茶道的精神，

| 邹常两家再续前缘

借着"一带一路"发展的好机遇,重启茶叶商贸合作,将老祖宗们诚信经营的商德继承发扬。

2019年,国家文物局发函,正式同意将"万里茶道"列入《中国世界文化遗产预备名单》,它不仅走入更多人的视野,这条商贸大道还将再次焕发生机。

一菲手记:

"色到浓时方近苦,味从回处有余甘。"

端起一杯茶,重叙以茶为媒的两个家族的往事,不禁令人感慨万千……

岁月山河,万里茶道。

三百年前邹家已经在武夷山上种茶,你怎么也想象不到居住在千里之外黄河之滨的常家循茶香而来,开辟了从武夷山北上直通俄罗斯恰克图的一条万里茶商之路。

不论是从丝路商旅还是从中俄贸易的任何一个视角来看,都具有里程碑的历史价值。

我们一路追溯万里茶道的上游,我们为先辈们那股走出去的探索精神所折服。

这条古老的道路经历沧桑,走过三个世纪,如今伴随着申遗的成功,邹常两家的再次合作以及更多人的推广和参与,它将再次通过茶文化的传播,推动中外文明的交融。

莫斯科的中国茶楼

天色转黑，晚茶的茶炊闪闪发亮，在桌上咝咝响，它烫着瓷壶里的茶水；薄薄的水雾在四周荡漾。这时已经从奥尔加的手下斟出了一杯又一杯的香茶，浓酽的茶叶在不停地流淌……

这是普希金在他的诗体长篇小说《叶甫盖尼·奥涅金》中的一段文字描述。

这个古老的欧亚大陆之间的民族，同样也跟茶结下了一段缘分。

俄罗斯人喜欢喝茶，茶已深入人们普通的生活。

我们的故事就从莫斯科米亚斯尼茨卡亚街讲起。

这是一个奇幻的场景，一座奢华的中国古典式样的三层建筑，竟然出现在俄罗斯的大地上。但当你身临其境，这一切又变得是那样的真切。

它建成于1896年，存在至今已有100多年的历史，已成为莫斯科重要的历史建筑物之一，名叫"茶与咖啡"，曾是俄罗斯"茶王"后裔的产业，中国茶叶走向莫斯科千家万户的仓库。

那是一个普通的午后，曹景行老师推开厚重的大门，一股熟悉的气息扑面而来，富丽堂皇的中式格局让我们一见如故，桃红花朵扇面、仕女图六面灯笼、铁艺鸟笼、大肚小口的青花梅瓶……货架上摆满了琳琅满目的砖茶、罐茶、饼茶、袋装茶，玻璃橱窗内有银色茶炊、陶瓷茶器，令人目不暇接。

往里走，柜台正面的是四爪金龙的图样，金发碧眼的俄罗斯女店员

茶楼外观

正忙着给一位熟客选茶，一张张陌生的异国面孔在一排排茶罐前俯身观赏。

店内一楼，是茶叶的展示和售卖区域，大多是中国茶：武夷山的大红袍、四川的绿茶、云南的普洱茶、湖南的黑茶、安徽的红茶、广西的茉莉花茶，眼前所见，皆为国内家喻户晓的品类。

见此盛景，曹老师不禁暗自发出感叹："异国他乡竟有如此雕梁画栋的中国建筑，藏满中国各地佳茗，茶香滋养着雅致的中国韵味，令人意外又惊喜。"

拾阶往上走，二楼的墙面，用蓝底金字写着"茶、咖啡、巧克力、水果"的俄文。楼梯处走出一位儒雅的白肤男子，他就是我们约好的俄罗斯历史学家、茶文化学者伊万·索科诺夫。

整个二楼的装饰风格，借鉴了东方美学的茶空间，传统博古架，茶台、茶海与器皿，还有熊猫、醒狮等各种摆件，恍惚间我们又回到了中国古镇的雅致茶室。

坐在窗边的茶台前，莫斯科的阳光斜投进这眼前的茶席，仿佛就能回到百年前的岁月。在茶香袅袅中，曹景行老师听着伊万·索科诺夫讲述中国茶与俄罗斯这座百年老字号背后的往事。

曹景行与茶文化专家在莫斯科茶楼

莫斯科的中国茶楼

时光回到晚清，为迎接清政府时任总理大臣李鸿章，俄罗斯商人精心创建了这座茶楼。

1896年，莫斯科如期举办沙皇尼古拉二世的加冕典礼。清朝重臣李鸿章作为中国皇帝特使受到特别邀请前来参加加冕礼。

获此喜讯，莫斯科所有的茶叶经营者为之振奋，谁都希望能与李鸿章这位重臣有深入的接触，借以同中国签订茶叶贸易合同。

| 莫斯科中国茶楼里的商品

| 曹景行（右）在莫斯科采访茶文化专家伊万（左）

当时莫斯科最大的茶商之一谢尔盖·皮尔洛夫，就是"茶与咖啡"的创始人。他和梅相斯卡亚街的另一家茶庄的主人是两兄弟，分别是俄罗斯知名的大茶商瓦西里·皮尔洛夫的次子、长子。

1787年，皮尔洛夫家族在莫斯科开办了第一家茶叶商行。瓦西里·皮尔洛夫作为家族继承人之一，分得莫斯科梅相斯卡亚大街5号的一处房产，并创建了"皮尔洛夫和子孙们"茶叶公司。

瓦西里·皮尔洛夫去世后，他的长子谢苗·皮尔洛夫分得了梅相斯卡亚大街5号的房产和家族商行的商标权；次子谢尔盖·皮尔洛夫分得了米亚斯尼茨卡亚街的"茶与咖啡"的物业。

为了迎接李鸿章的到来，不仅俄国皇室做了积极准备，谢尔盖·皮尔洛夫和哥哥两兄弟也在暗中较劲，都期盼李鸿章下榻自己的店中做客，促成与李鸿章商讨茶叶的贸易买卖。

弟弟谢尔盖决定专门为中国使节盖一座中国建筑风格的宫殿。实现这一设计理念的重任落到了建筑师卡尔·吉皮乌斯肩上。在他的设计下，建成了一座玲珑建筑杰作：带有宽房檐、彩色玻璃窗、风铃及配有佛塔装饰的瓦砖斜式屋顶的房屋。内部配备中国家具、落地瓷花瓶、琉璃砖装饰的墙壁，这些物品都是从中国长途跋涉运过来的，堪称完美的杰作，也就是前面所介绍到的"茶与咖啡"中式茶楼。

然而，李鸿章以"中国传统社会是尊长制度，谢苗是哥哥，理应以长者优先"最终接受了哥哥谢苗·皮尔洛夫的邀请，入住了楼内有中国汉字、清朝龙旗，仆人穿中国服装的梅相斯卡亚街5号皮尔洛夫茶庄。

谢尔盖·皮尔洛夫当然也赢得了这场胜利，不仅建成了一座出色的茶楼，这座中式茶楼一夜之间也在莫斯科声名鹊起。同时，中国使臣最终还是参观了米亚斯尼茨卡亚街上的这座建筑，并对俄国商人、建筑师为迎接自己所做的工作深表感谢。

历经百余年的茶叶贸易，皮尔洛夫家族的茶铺兼售糖和咖啡，在俄罗斯、欧洲拥有88家茶铺，在莫斯科拥有14家店，是名副其实的"茶王"。

1887年，皮尔洛夫茶叶商行百周年庆典之际，沙皇赐给皮尔洛夫家族贵族身份，其商行获得了"宫廷专供"的称号。

1917年十月革命后，"茶与咖啡"楼被收归国有，茶叶、咖啡和糖的生意，继续延续下来，且仍以销售中国茶叶为主。如今，这座茶楼一如既往生意兴隆，茶楼虽然经历过革命和战争的洗礼，还一度被改建为居民楼，但最终还是恢复了最初的模样。

在2015年茶楼得到修复，还原了其最初建造时的样貌。这里是莫斯科老百姓购买茶叶的"定点单位"，也是中俄历史关系进程的独特见证！

伊万·索科诺夫与茶结缘是因为在图书馆查询课题研究分析资料时，发现了令他迷惑不解的事实：很少有人研究俄罗斯的茶文化历史。随着深入的了解，他终于明白，这个课题太过复杂，复杂到让很多学者望而止步，这更加激发了他想要探究其真相的好奇心。

他不仅了解并还原了这座中式茶楼的故事，还研究发现茶文化对俄罗斯产生很大的影响。当时，莫斯科占了全国60%的茶叶进口量，并从莫斯科分散至其他城市和地区。1847年的圣彼得堡只有一间茶店，在莫斯科的茶店就已超过100家，而且还有超过300家的餐厅提供茶饮。同时，整个19世纪俄罗斯的文化与茶都有关联——中国向俄罗斯输入茶叶之外，连带茶具、瓷器、丝绸、绘画、折扇、中国装饰文化都传入俄罗斯。

历时13年的深入研究，伊万·索科诺夫出版了《俄罗斯的中国茶时代》。不仅创作了一本厚厚的著作，作为另一个收获，这位俄罗斯的学者从此离不开中国茶了。

"茶与咖啡"中式茶楼这座百年老店，如今依然矗立在米亚斯尼茨卡亚街上，它默默地向人们倾诉着百年的沧桑往事，人们来这里不光是为分享一杯中国茶，更有对历史的重温与缅怀。

它也将永远成为人们向往的地方。

一菲手记：

"人事有代谢，往来成古今。"

让我们还原三个世纪前的某一天，廓清历史的烟尘，我们可以看到在莫斯科河畔，一座飞檐斗拱的中式茶楼跃然眼帘。

我的眼前就浮现出这样一个场景，那是一个秋日的午后，阳光穿过中式的玻璃窗洒落在地板上,我想象着俄罗斯大文豪托尔斯泰先生端着一盏中国茶,坐在一张八仙桌前若有所思。

"喝茶可以帮助工作,可以把身心潜力发挥出来。茶会唤醒萦绕在我灵魂深处的灵感。"

一座茶楼盛满了中国文化的氛围,来自欧洲各地的茶客纷纷在这里留下身影,也留下了关于中国茶的美好记忆。

白大褂上的五星红旗

有一种援助超越了物质，那是一种对生命的拯救。

在中国援非的历史上，总少不了那白衣飘飘的队伍，他们穿越岁月与时空，与今天的非洲大陆对接，这支队伍越走越长……

1963年，中国率先向世界宣布派医疗队远赴阿尔及利亚，这开创了我国援外医疗队的历史。自1996年开始，湖北省先后派出13批医疗队，150多名医生，不远万里去到非洲的莱索托，他们身怀医学无国界的医者仁心，为改善当地的基本医疗条件作出无私的奉献；他们远离故园，走向陌生的非洲大地，不畏辛苦，甘愿为当地病患，奉献毕生所学，践行救死扶伤的人道主义精神，以最诚挚的方式，让中非友谊代代相传。

莱索托是全世界最大的国中国，全境完全被南非共和国包围，约有49%的人口生活水平低于国际贫困线，而且艾滋病情况严重，医疗资源严重不足。

2019年，我们跟随湖北省第14批援莱医疗队来到了万里之遥的莱索

中国（湖北）第14批援莱索托医疗队临行前合影

托，并用影像、文字记录了这批由骨科专家、妇科能手、中医医师等组成的特别医疗小组。

35岁的左伟，是骨科医生，也是湖北省第14批援莱医疗队队长。左伟正忙碌着收拾行李箱，他的妻子覃小娟正在厨房和婆婆忙着为即将远行的丈夫赶制晚餐。

他们的孩子还很小，5岁的女儿是他的软肋。孩子正是调皮的年龄，需要父母陪伴、辅导作业，同为医生的妻子工作繁忙也顾不上。他去援非，女儿只有送到外婆家。

幸得妻子理解并支持他："身为医生，他们也会遇到跟普通人一样的困难，但这一切都顾不上了。"

左伟率领着医疗队抵达莱索托，刚下飞机，辽阔壮观的山地风貌、一望无际的褐色植被、老人慢悠悠赶着羊群、树皮搭建的圆顶房屋，原始粗犷的苍凉气息扑面而来。

医疗队在莱索托的驻地，就是两栋小平房，团队9个人将在这里集中生活一年。由于莱索托是高原地区，水资源十分匮乏，刚到驻地，队

笔者和聋哑儿童学校的孩子们

在这个"高山王国"，看场病就如跨越艰难的山峰，是一场漫长的征途。

即使生活有诸多不便，即使医疗条件极度恶劣，左伟仍坚持着信念，带领队员们奋战在医疗一线："我是在此趟援非经历中才深切感悟到白求恩精神的崇高与意义——我要治病救人，用自己所学的医术去救死扶伤。援非，是我人生最难忘的经历、一辈子的财富。"

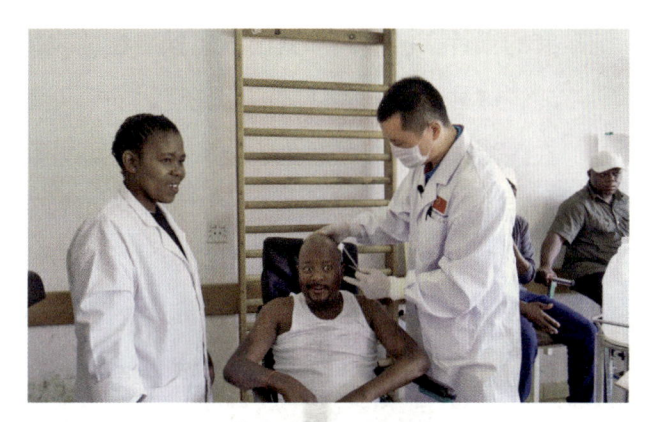

张绍悟为莱索托当地患者进行针灸治疗

在莱索托，病人的医同性特别好，医生说什么就是什么，对于缺乏医疗物资、设备的他们而言，能看上医生就算很幸运了。在这里，救死扶伤的意义体现得更为深刻。

张绍悟是湖北省第 14 批援莱医疗队的中医医师。

与紧张繁忙的手术室不同，莫特邦医院康复科里笑声朗朗。身材高大、嗓音嘹亮、手持银针的张绍悟一边与病患说笑着，一边就轻松将银针扎进穴位。

中医师，在援莱医疗队中是不可或缺的。曾经有一位莱索托外交部官员患了关节疼痛的病症，被中医治愈后，便很认可中医，点名要委派中医来莱索托。因此，湖北省第 14 批援莱医疗队的中医工作就由张绍悟负责。

张医生蹲身给病人的脚背穴位扎上一针，然后起身说道："在国内的中风病人都是躺在床上扎针，这里没这条件，只能坐着扎针。不过，这里的人们心态很好，就算患上各种疾病，也不沮丧，照样乐哈哈。"康复科治疗室里坐满人，他们的头、脸、手足、肩或背上都扎着密密麻麻的银针，但他们都露出了轻松自在的表情。

这种莱索托人特有的明亮豁达的乐天派风格也感染了张绍悟，所以在医治过程中，张医生也会和病人们开开玩笑，聊聊家常，在这里看不见医患的紧张，也看不见疾病带来的阴霾。

张绍悟因地制宜，主要采取针灸治疗，每天针灸针的用量是600根左右，一年要用掉大概15万根。面目清秀的张绍悟本人也是乐天派，他打趣道："中国医疗队有中医的特色，中草药、药酒、针灸治疗，这是西方医疗队所没有的，中国医疗队践行的援助标准是人无我有，人有我优。"

其实，从国内带来的医疗用品消耗量特别大，张绍悟借助莱索托大自然的馈赠，自制中草药及膏药贴等。

一个睡眼惺忪的周末，医疗队全员放弃休假，驱车8小时盘山公路前往深山小村庄进行义诊。山区里的人们极少能前往城里看病，村里的人大多都指望着一年一次的义诊，所以都早早就来到医疗点排队。而张绍悟制作的膏药贴就派上了用场。他拿着黏糊糊的泥巴色的中草膏药贴，仔细认真地贴在病人的膝盖上，这膏药贴对治疗关节疼痛、腰背部疼痛极为有效。看病的人实在太多，所以膏药贴是最快捷有效的。但令张绍悟遗憾的是，这里的人大多久病未治，义诊和膏药贴虽能快速起到缓解的作用，但的确无法根治。

张医生无奈地感叹道："假若能及早得到治疗，很多病患也不至于终身残废。尤其是许多残疾儿童看得更令人心痛，我们医疗队更希望能用技术为这里的人们做点力所能及的事。"

医疗队坚持看完所有病人才结束这次义诊活动，来不及吃上一口食物，大家就踏上了返回莫特邦医院的归途。此时，莱索托的夜空星河璀璨，这是医疗队员们见过的最美夜空。

除了治疗病人，张绍悟还要负责教学工作，在莫特邦医院也会有一些本地医生向他学习。张医生主要教他们在标明穴位的模具、铜人模型上练习扎针灸的技术以及一些康复训练。进修的学生们都很踊跃学习,他们主要学习做手术和中医治疗,因为学会这两项马上就能用,效果立竿见影。对于自己带当地徒弟这件事儿,张绍悟很开心,同时毫无保留地传授技术和经验。

"我们是从中国走出来的医疗队伍,援医的责任不仅是提供医疗保障,还希望能让当地的人们体会到我们的善意。"张绍悟自豪地说道。

从医疗队到莫邦特医院的那一条路,仅有短短的500米,但沿路的莱索托民众都会热情地和医疗队员们打招呼,这就是最高的认可和赞赏。

援非对张绍悟的人生影响很大,在这里的工作经历,让他对生命、对病人、对医患关系有了全新的认识。他很爱爬山,因此非常喜欢莱索托原始、粗犷的自然风光。这趟特殊的经历就如同他攀登的又一座高山,虽然辛苦,但见到了最好的风景,得到了最棒的心理成长。当他坐在远处的半山腰上看着聋哑学校里的孩子们在开心玩耍,他相信未来这里会更好。

付月玲是湖北省第14批援莱医疗队的妇产科医生。

莫邦特医院里最繁忙的科室应该是妇产科。这

| 付月玲在和同事讨论手术方案

个科室的病患情况往往是最严重的。许多需要做妇科手术的患者都是从别家医院转过来的,大多是艾滋病和妇科病症综合并发的晚期患者,这真是给医生们带来极大挑战。

付月玲说:"这里的人们往往不到最后一刻是不会看医生的,所以在这里总是会遇到职业生涯中最复杂也是最危险的手术。"

援莱医疗队刚到没多久,妇科手术就已经排期至三个月后了,在这医疗条件有限、医护人手奇缺的医院,一天只能做两到三台手术。

正当我们在采访付月玲时,突然被打断。原来有位艾滋病晚期的患者,急需手术,病情非常严重。患者的盆底组织都已发生病变,为排除是外阴癌的可能性,必须要取活检,这工作就由大家协助付月玲完成。

然而,蓝色手术室的大门很快被推开,冲出一脸焦急的付月玲,立马号召麻醉科张挺医生、放射科刘伟医生帮她搭把手。此时,刘伟注意到付月玲的手指头缠了厚厚的多层邦迪,急忙关切问她怎么回事。付月玲满不在乎地甩甩利落的短发说:"做接生时划破了手指头。"

"那你要小心点,再次做手术会很危险。"大伙儿的心一下子提到嗓子眼儿了。

"没事,我戴两双手套。快进手术室帮我。"付月玲摆摆手,转身小跑进手术室。

在莱索托,医疗队所面临的最高风险莫过于就医过程中的职业暴露。即使医疗队成员们都加倍小心,也难免有一份隐忧。在救治过程中手术刀割伤破皮是常事。像刚才这样的暴露风险,医疗队员们的确也不是第一次面对。一旦暴露,得先吃艾滋病的阻断药,那药吃到胃里,翻江倒海地折磨人,药物反应非常严重。但付月玲没请假休息,强忍着坚持工作,照样一台接一台地做手术。吃完一个月药后,进行筛检,结果是阴性,这才能松口气。在这里,付月玲有过三次职业暴露,每次都感觉是劫后余生。

当我们关切地询问她时,她说:"作为两个孩子的母亲,也非常害怕,怕自己感染病毒,怕自己的孩子没了妈妈。可是,眼前是一条活生生的人命啊，我必须尽全力救治，这是我作为一名医生，对职业、对生命的承诺。"

在这里，付月玲还遇上了乌龙事件，帮助一位妇女发现她在25年前子宫就被切除的惊人真相。

这位病人是一位近50岁的妇女，体重约180斤，她做过一次肌瘤、上过环，已绝经了，活检结果怀疑她是宫颈癌。付月玲根据经验，得先做子宫切除手术，但打开一看，里面全是粘连，根本找不到子宫。她担心是自己误诊，忙叫来曾在复旦学习了5年医学的当地实习医生，她也没找到子宫。

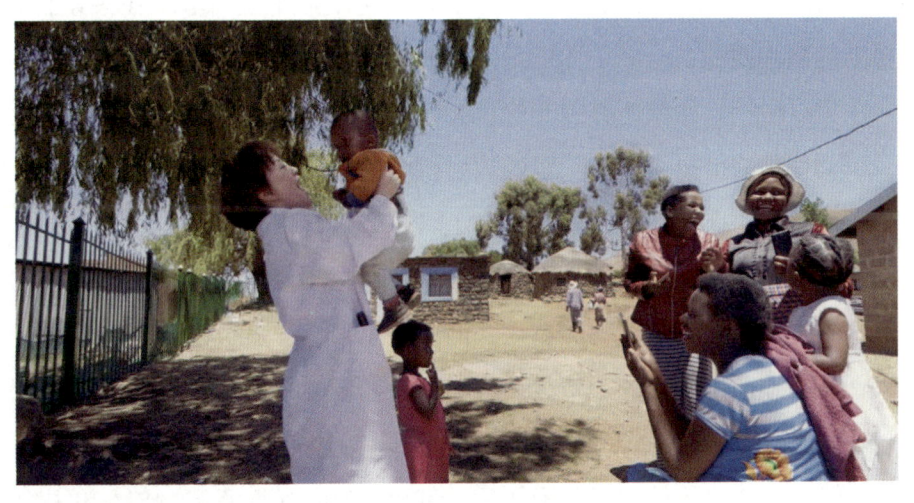

| 医疗队成员付月玲

付月玲急了，赶忙让翻译小赵用英语问护士、问询病人，"她有子宫吗？子宫切了吗？"紧接着，麻醉师直接打电话找她老公确认，但是并没有得到答案。

付月玲根据经验判断，病人在自己不知情的情况下子宫被切除了，此刻她只能立即结束手术。

第二天，付月玲巡视病房时病人直接给了她大大的拥抱，连声多次说谢谢她，"谢谢您，是您让我知道，我的子宫在 25 年前就被切掉了"。因为她昨晚回忆起来，自从 25 年前手术后，她就再没来过月经。谜底终于揭晓，付月玲哭笑不得。

时光荏苒，弹指一挥间。一年的援非期很快就到了尾声，付月玲内心十分不舍。能代表国家援外是荣幸，也是缘分，并肩作战的同事们，难以再见的病人们，在莱索托这样的国度，相遇、珍重，难以再重逢，像演电影一样一闪而过。跟着付月玲全程学习的莱索托当地妇产科主任，用微信给她写下感谢的话，夸赞她是一位白衣天使，一位心地善良的好老师。

"在国内，有科室主任帮我们承担，他是我们的靠山；在莱索托，再难的事都要独当一面，你就是病人的靠山。走出国门，国就是家。"

假以时日，如果还有援非的机会，付月玲说，她当然会当仁不让。

刘伟是这批援莱医疗队里的放射科医生。

忙碌了一天，大家围坐在餐桌上，每个人都聊得很开心，只有刘伟医生默不作声。原以为他是性格内敛、不善言谈的缘故，万万没想到，这位堂堂的七尺男儿，竟然在众人面前红了眼眶，强忍着没让眼泪流下来，缓缓地道出了他的心事。

原来，在出发来莱索托时，他的母亲突然病重，家人不想让他知道，瞒了几周。等他到了莱索托后，每次和家人视频聊天，亲人为了隐瞒他，特意把视频画面换了另一个场景。要不是他偶然通过订票信息，发现爱人订了回老家的机票，这才意识到可能出事了。

他马上打电话向爱人询问情况，才得知母亲病重，已在医院 ICU 住着。远隔万里的他，恨不得插翅飞回去，可是正赶上医疗队有出诊任务，他作为队委会医院和医疗队的会计，责任重大，此种现实情况，他不可能因一己之私而贸然离队回国，只得将这份悲痛埋藏在心底，强装若无其事，投身到日常的工作之中。

没想到平日忙忙碌碌的刘伟医生，内心竟装着这样一个巨大的压力，同事们都沉默下来。

刘伟哽咽着说道："我知道，自古忠孝不能两全！我选择留在这里，尽我医生本职，但我的确愧对母亲，还好母亲她答应我，一定能等到我明年十月回国，让我一定要站好这班岗。"

医疗队队员立即将他母亲病重的事，向湖北省和武汉市卫健委、大使馆汇报，使馆的雷大使、马参赞得知后，连连催他速速回国，照看母亲。

刚登上回国的飞机，刘伟的爱人打电话过来，说他母亲已经走了。那一刻，刘伟心如刀割、泪如雨下——没想到和母亲的那通电话竟成了他们母子的诀别之语！悲痛之余，他揩干眼泪，返回医疗营地，继续履行援非之行的重任。

人生大事莫过于生离死别，更何况是你最亲的人。但这一切已然无法挽回，擦干眼泪，重回工作岗位。对于刘伟医生来说，把这份工作做好就是对亲人最好的告慰。

2021年的新年，中国（湖北）第14批援莱索托

| 医疗队在莱索托

医疗队凯旋归来。由左伟队长带队的9人队伍，圆满完成了为期14个月的国家援外医疗任务并辗转回到武汉。

在这期间，付月玲医生的公公在她出发前一个月，自然离世；刘伟医生未能赶上送别母亲最后一程；张绍悟医生的父亲和奶奶都感染新冠肺炎，奶奶去世，父亲治愈；缺乏父母陪伴、辅导作业，左伟队长的小

女儿学习成绩急速下降……

或许每个人都有各自无法挽回的遗憾，但每个人都收获了各自的认知与经验。正如日本作家村上春树所说的那样，当你穿过暴风雨，你早已不再是原来那个人。

一菲手记：

  一个地方可以像一个陌生的词汇，一个国家可以遥远到我从未听说过。这就是莱索托，南非大陆的中心。

  我没想到，有那么一天，我一脚踏上这个神奇的国度。

  甫一落地，当地的华人组织雇佣了全副武装的保卫力量全程跟随守护我们的拍摄行程，即使是这样，我们在这里的生活起居以及日常工作都令人难以想象。物资的匮乏，生活的贫瘠，造成莱索托人的健康状况极差，触目所及都突破了我的认知极限。

  这都是我个人职业生涯里的第一次，后来我们才知道，我们摄制组竟然是第一个踏上这个国度的中国官方媒体。

  拍摄工作是在充斥着传染疾病和贫困交加的极端生存环境中创作完成，而中国援莱医疗队队员们每天都将面临这样艰险的环境，可想而知他们的牺牲与付出是多么伟大。

  在这里我们看到了什么叫"不忘初心、牢记使命"，我们也用镜头记录了什么叫不负重托，大爱无疆。

致　谢

初入世界的前路未知，正如去而复返的无法忘怀。

每当我闭上眼睛，眼前浮现出的丝路其实不止一条，它仿佛在我脚下向全世界延伸，没有终点，只有起点。它从心灵出发，与全世界相牵挂，每一条闪烁的丝路仿佛千万条金色的丝带，与我魂牵梦绕的同时，联动着那么多真挚而闪亮的眼睛，恍惚间如同满天繁星，它们在向我默默地诉说着什么，而且它们从来没有离我这么近过，以至于伸手可及……

这一切都要从头说起。

时间回拨到2017年的冬季。我受广东广播电视台北京节目制作中心王晓秋主任的邀请参加了一次在北京举行的"一带一路"百人论坛，了解到了关于中国走出去的故事和案例，智库专家和行业代表丰富的分享与介绍，深深地打动了我。当时我在想，如果能够把他们的所思所想，以一种文本的方式呈现出来，让更多人了解并认同"一带一路"倡议，那将是一件多么有意义的事呀。

没想到这一个念头一发不可收。

在6年的时间里，我们穿越了70多个国家和地区，寻访了200多位原型人物，最终提炼出42个摄人心魄的故事，以纸面及视频的方式分享给大家，而这也成为我们这个团队生命历程中难以忘怀的记忆。

漫长的探寻和采集过程中，我们踏入了从未到达过的贫瘠土地，也深入过人迹罕至的贫困山村，用我们手中的镜头触摸到世界角落里那些边缘人群。

我们目睹了这个时代在非洲大陆挥洒青春的中国青年，体味到以生命为代价默默奉献的世间大爱；不论是作为生理的存在，还是生命意志的我们，都曾面临过安全成为挑战的环境，也踏足了险象环生的草原，既得到过外交礼宾般的盛情款待，也参加过异乡盛大的中国节日，感染着文明交汇共融的美好氛围。

撰写这些如泉水般涓涓涌动的文字时，那些栩栩如生的走访过程仿佛就在眼前，那些爱意纷呈的故事，那些暖心动人的场景，那些刻骨铭心的表情，那些无法磨灭的记忆……

一滴一滴水，从不同的角度汇聚成洪流，呈现着波澜壮阔的时代画卷；一个一个人，来自不同的地点相约集结，拼接出千姿百态的丝路风景。

我们就像一颗种子深深扎根于南海之滨，匆匆时光，温情的岁月，丰厚的土壤使我们成长为一棵丰满的小树，如今这棵小树历经6年的风雨，在您期许的目光中，在我们共同的守望中茁壮成长……

我们不会忘记通往丝路的远方，有伴我们一路前行的师长朋友。

在通往丝路的每一个节点，因为他们的加盟，我们的队伍越来越长。我们不会忘记周国平先生的全情投入，在寻访过程中处处都闪烁着他的睿智和独特的感受；我们不会忘记储殷教授，总带来鲜活的视角与独特的思考；我们不会忘记创作过程中还得到蔡伏青台长、曾少华总编辑等领导和同事们的鼓励与信任，以及陈育明大使、白晓梅女士、陶一桃教授、王阳老师、申晓力老师、石振新老师、靳智伟老师、陈敏教授等众多朋友的支持和帮助。

创作过程总是漫长而又艰辛。其中曹景行先生生命最后的日子永远定格在我们的丝路旅途中，我们永远缅怀他。同时，我们为国际家居品牌创始人 Tim 的辞世深感遗憾。

我们深深地懂得，仅仅 42 个故事又怎能完全展现"一带一路"上所经历的一切呢。即便如此，我们也将尽力通过我们的节目、文字图书，甚至读者会、分享会等更多形式，把这些故事讲给更多人听。

让所有的故事能讲给所有的人听，让所有的人能到所有的地方去。

想说的太多，但总是纸短意长。

那些坚韧的中国女性勇闯非洲，铸就了商业与慈善的完美融合；

那些中国医生在海外救死扶伤，奉献精湛医术与自己的青春；

那些外国青年因在中国学习后，重塑自己的成长路径与方向；

那些中外企业合作共赢的故事，诠释了殊途同归的商道与人道。

唤起记忆就是唤起责任。这些故事都将成为我们精神世界的基石。

在我们的想象中，丝绸之路，可以起于一粒沙，也可以起于一滴水，但我们知道丝路从来就不是一条狭小之路，它注定是一条无限宽广的大道，它既能装得下你我的心愿，也能够承载涌向它无数的身影……

广东卫视《丝路汇客厅》创作团队

出　品　人：蔡伏青
总　策　划：曾少华
总　监　制：黄天文
总　编　辑：卢　战
执 行 总 监：王世军
总　顾　问：王晓秋　王　阳　申晓力　陈清洋　石振新
制片人/总导演/主持人：谢　菲（谢一菲）
执行总导演：周　梅　李依理
栏 目 统 筹：柯　燕
导　演　组：柯　燕　陈　严　袁嘉熙　苏武君　杨前锋　刘洋子
撰　　　稿：周　梅　杜安隐　张　慧　苏武君
摄　影　组：梁成斌　张浚哲　谭博超　黄　明　高　楠　梁智泉　梁　皓
　　　　　　吴灵志　范　斌　陈晓均　贾　伟　季　节　陈　渊　庾俊明
　　　　　　冷占宁　刘威成　张裕烽　杨媛惠　蔡育超　蔡奇勋　李汶斌
　　　　　　朱至午　伊木然江·买吾兰江　王晓坤　卡木然·艾尼瓦尔
　　　　　　谭达雷
航　　　拍：梁智泉　倪　晓　黄　磊
灯　光　组：陈永光　陈超棒
收　音　组：谭杰勇　曹至洁　伊力塔木尔
后 期 制 作：万　晶　杜嘉源　何裕煌　邹妹群　甄利雄　叶志辉　冯昊翔
　　　　　　翁冰婷　凌　梦
嘉 宾 主 持：曹景行　周国平　储　殷　竹内亮（日本）　图满志（瑞典）
　　　　　　陈　派（瑞典）　戴显扬（中国澳门）　谷尼克（俄罗斯）
　　　　　　乐小虎（美国）　麦　子（澳大利亚）
制　　　片：沈巧玲　张二敏　谢怀兴　李　钢
宣　　　传：买　洁　张瑞祥　黄子奕　李锐明　王永利　张祥年　钟慧仪
服 装 造 型：王裕安　梅国兰　葛栩琼　赵　萍　王　琳
鸣　　　谢：吴树根　陈嘉令　王　婷

责任编辑：邓创业
文字编辑：汪 莹 白萌萌

图书在版编目（CIP）数据

我们走在丝路上 / 谢菲 等著 . — 北京：人民出版社，2023.12
ISBN 978－7－01－025895－9

I.①我… II.①谢… III.①"一带一路"－国际合作－研究 IV.①F125

中国国家版本馆 CIP 数据核字（2023）第 159064 号

我们走在丝路上
WOMEN ZOUZAI SILU SHANG

谢 菲 周 梅
柯 燕 李依理 著

人 民 出 版 社 出版发行
（100706 北京市东城区隆福寺街 99 号）

北京新华印刷有限公司印刷 新华书店经销

2023 年 12 月第 1 版 2023 年 12 月北京第 1 次印刷
开本：710 毫米 ×1000 毫米 1/16 印张 16.75
字数：188 千字
ISBN 978－7－01－025895－9 定价：58.00 元

邮购地址 100706 北京市东城区隆福寺街 99 号
人民东方图书销售中心 电话（010）65250042 65289539

版权所有·侵权必究
凡购买本社图书，如有印制质量问题，我社负责调换。
服务电话：（010）65250042